AF145373

Karl Reinhold von Köstlin

Prolegomena zur Ästhetik

Karl Reinhold von Köstlin

Prolegomena zur Ästhetik

ISBN/EAN: 9783744654449

Hergestellt in Europa, USA, Kanada, Australien, Japan

Cover: Foto ©ninafisch / pixelio.de

Weitere Bücher finden Sie auf **www.hansebooks.com**

VERZEICHNIS

DER

DOKTOREN

WELCHE

DIE PHILOSOPHISCHE FAKULTÄT

DER

KÖNIGLICH WÜRTTEMBERGISCHEN EBERHARD-KARLS-UNIVERSITÄT

IN TÜBINGEN

IM DEKANATSJAHR 1888—1889

ERNANNT HAT.

NEBST EINER ABHANDLUNG:

PROLEGOMENA ZUR ÄSTHETIK

VON

KARL KÖSTLIN.

TÜBINGEN

L. FR. FUES'SCHE BUCHDRUCKEREI

1889.

Toronto University Library

Presented by

nicolas Bentley Esqr, ottica
through the Committee formed in
The Old Country
to aid in replacing the loss caused by
The disastrous Fire of February the 14th 1890

Unter dem Dekanat des Professors Dr. K. Köstlin wurden zu Doktoren ernannt

1888:

Gustav Adolf Katz von Ludwigsburg, 17. Mai.

Karl Ernst Müller von Goldburghausen, 28. Juni.

Engelbert Kosten von Poppelsdorf, 28. Juni.

Johann Baptist Sägmüller von Winterreute, 19. Juli.

Hans Stumme von Mittweida, 19. Juli.

Karl Josef Aninger von Ellwangen, 26. Juli.

Alfred Winternitz von Stuttgart, 26. Juli.

Johannes Meltzer von Waldenburg in Schlesien, 26. Juli.

Oskar Masslow von Hannover, 2. August.

Emil Arthur Gutjahr von Kölleda, 2. August.

Reinhold Wagner von Esslingen, 2. August.

Karl Seefelder von Treherz, 2. August.

Alfred Otto Schmoller von Marbach, 4. August.

Paul Wiest von Winnenden, 10. August.

Friedrich Braitmaier von Urach, 15. November.

Ferdinand Stein von Werden, 15. November.

Georg Bert von Nordheim, 29. November.

Friedrich Walther von Esslingen, 29. November.

Felix Lazarus von Petershagen, 13. Dezember.

Richard Maisch von Stuttgart, 13. Dezember.

Hermann Schönleber von Bietigheim, 13. Dezember.

Karl Hiemer von Ulm, 22. Dezember.

1889:

Heinrich Hoffschulte aus Venloo, 31. Januar.

Adolf Blach von Naschetitz, 14. Februar.

Paul Deladoey von Aigle, 28. Februar.

Wilhelm Nestle von Stuttgart, 28. Februar.

Alfred Hegler von Stuttgart, 9. März.

Martin Bech von Zeitz, 14. März.

Prolegomena zur Ästhetik.

Psychologische Grundlegung.

Die Ästhetik führt·überall, wo man sie anfasst, auf die Psychologie zurück. Man kann z. B. die Lehre von den Künsten nicht wissenschaftlich behandeln, wenn man nicht ausgeht von den „Kunsttrieben" im Menschen, d. h. von dem ihm angeborenen Triebe, in Bild, Geberde und Wort „nachzuahmen" (um mit Aristoteles zu reden), oder weiterhin von der Freude des Menschen einerseits am Hervorbringen, andererseits am Hören von Tönen; ein Hauptelement endlich der redenden Kunst, der Accent und der aus ihm resultierende Rhythmus, kann sogar ohne Zurückgang zu der Physiologie des Sprechens gar nicht begreiflich gemacht werden.

Dasselbe gilt aber auch von der Frage, womit die Ästhetik zu beginnen habe oder wie sie zu begründen sei. Man stellt etwa den Begriff des Schönen an die Spitze; sobald man aber dieses thut, ist man sofort mittendrin in der Psychologie. Schönheit ist zunächst und in ganz unzweifelhaft sicherer Weise ein Eindruck, welchen gewisse uns entgegentretende Erscheinungen in uns hervorrufen; selbst Lotze, welcher die Schönheit zugleich als etwas Objektives (nicht blos in unserem Fühlen Vorhandenes) zu fassen sucht, eröffnet seine Lehre von ihr mit dem Satze: „Etwas angenehm oder schön zu nennen werden wir nur durch den Eindruck der Lust veranlasst, den es in uns erzeugt" (Grundzüge der Ästhetik S. 1), und ebenso sagt er später (S. 16): „zuerst ist uns die Schönheit nur in dem subjektiven Gefühl der ästhetischen Lust gegeben, die uns die Eindrücke [gewisser Gegenstände] erregten"; kurz: daran, dass „Schönheit" vor der Hand eben Bezeichnung eines solchen Eindrucks der Lust an gewissen Erscheinungen ist, daran kann man jedenfalls nicht vorübergehen, davon muss vielmehr, weil es das Allererste und Aller-

1

sicherste ist, was wir von der Schönheit wissen, in Betreff ihrer der Ausgangspunkt genommen werden. Vorausgegangen ist auf diesem Wege hauptsächlich Kant, indem er die Thatsachen feststellte: schön ist, was durch seine Form gefällt, genauer: was durch seine Form und nur durch sie Gegenstand eines uninteressierten Wolgefallens ist, während das Angenehme uns gefällt, weil es unserem sinnlichen Interesse, das Gute, weil es irgend einem praktischen Interesse entgegenkommt. Schon mit diesen Bestimmungen, welche Kant gibt, stehen wir auf psychologischem Boden, und noch mehr ist diess der Fall, wenn wir fortgehen zu seiner Erklärurg der Lust am „Schönen". Sie soll nach ihm daraus entstehen, dass uns Gegenstände entgegentreten, welche unsere zwei erkennenden Vermögen, die Einbildungskraft, d. h. das Vermögen ein angeschautes Mannigfaltiges zu Einem Bilde oder Ganzen zusammenzufassen (Kritik der reinen Vernunft, Ausgabe von Hartenstein, S. 150. 653 ff. Kritik der Urtheilskraft S. 60), und den Verstand, das Vermögen in allem Erscheinenden Ordnung, Gesetz, Regel [1]) zu finden (S. 24 f.), durch ihre „für sie zweckmässige, ihnen angemessene oder zuträgliche Form" (S. 30. 85 u. s.) in ein ihnen beiden wolthuendes oder lustgewährendes Spiel versetzen. Kant will hiemit Folgendes sagen. Lust erweckt das Anschauen der Form eines Gegenstands in uns als erkennenden Wesen unter zwei Bedingungen. 1) Die Form eines Gegenstands, wie z. B. die eines Blumenkelchs (S. 83). kann eine gewisse Mannigfaltigkeit zeigen, welche die Einbildungskraft dazu anregt, sie zu betrachten und in Eins zu fassen, und zwar eine solche Mannigfaltigkeit, welche „begrenzt" (S. 92) und deswegen für die Einbildungskraft leicht zu übersehen oder leicht zur Einheit zusammenzufassen ist; eine solche Form ist ebenhiemit für die Einbildungskraft „zweckmässig oder ihr angemessen" und regt sie daher dazu an, den Gegenstand zu betrachten lediglich um seiner Form willen oder ohne irgendwelches andere Interesse als an dem der Form; von einem solchen Gegenstande wird sie also beschäftigt oder in Thätigkeit versetzt, aber in eine von allem Interesse freie oder blos „spielende", blos „unterhaltende" (S. 66. 90. 124.) Thätigkeit. Ebenso kann 2) die Form eines Gegenstandes, wie z. B. wiederum die eines Blumenkelchs (S. 83), eine leicht überschauliche Ordnung der einzelnen Bestandteile des Gegenstands, z. B. hier

---

1) Von dem Kantischen Begriff der „Zweckmässigkeit ohne Zweck" sehen wir hier ab, da er bei Kant weniger rein ästhetische als teleologische Bedeutung hat behufs der Begründung des Begriffs einer zweckmässigen Natureinrichtung.

der Blätter der Blume, zeigen, welche die Aufmerksamkeit des Verstandes erregt und ihn zum Gegenstande hinzieht, weil er an ihm Ordnung erkennt, aber gleichfalls in blos spielender Weise, da die Ordnung als solche, wo und wie sie erscheine, den Verstand als etwas ihm Angemessenes ohne alles weitere Interesse zur Betrachtung einlädt und ihn mit dieser Betrachtung beschäftigt. Ein Gegenstand, welcher in dieser Art unsere beiden Erkenntnisvermögen zu gleicher Zeit und in gleicher Weise spielend beschäftigt durch seine ihnen zusagende Form, versetzt uns, sofern wir erkennende Wesen sind, in Wohlbehagen (S. 72) oder Lust, und darum gefällt er uns oder wird er von uns schön genannt. Anders ist es, wenn die Beschaffenheit eines Gegenstandes für unsere Einbildungskraft und unsern Verstand unzweckmässig ist. Diess ist dann der Fall, wenn ein Gegenstand so gross ist, dass die Einbildungskraft es schwer oder unmöglich findet, ihn in Eins zu fassen, d. h. wenn ein Unbegrenztes, ein unendlich oder (S. 109) überschwenglich Grosses uns gegenüber steht, das wir nicht überschauen, dessen Grösse wir nicht schätzen, somit uns nicht vorstellen können (S. 101 f. 105 ff.), wie der gestirnte Nachthimmel; ebenso ist es der Fall, wenn ein Gegenstand das reine Widerspiel dessen ist, was für den Verstand zweckmässig ist, d. h. wenn er das Schauspiel regelloser wilder chaotischer Unordnung, Verwüstung u. dgl. darbietet, wie z. B. das sturmgepeitschte empörte Meer (S. 94 f.). Hier entsteht in uns nicht jene Lust am Gegenstande, um der willen wir ihn schön nennen, sondern zunächst ein Gefühl der Unlust (S. 108) darüber, dass der Gegenstand unsrer Einbildungskraft und unsrem Verstande nicht zusagen will; aber dieser Unmuth löst sich doch in ein Wohlgefallen an dem Gegenstande auf, weil der Anblick des unendlich Grossen und ebenso der Anblick des Ordnungslosen, wenn es zugleich machtvoll ist (S. 95), in uns zugleich die Idee eines Unendlichen anregt, das über Alles, was wir ausser uns anschauen können, unermesslich hinausliegt, nämlich die Idee des über alle Natur unendlich erhabenen Geistes in uns; einen solchen Gegenstand nennen wir ebendaher selbst „erhaben" und fühlen ihm gegenüber die Lust ein Bild des Erhabenen, welches in uns selbst ist, anschauen zu können (S. 113. 116).

Dass an diesen Deduktionen Kant's etwas Richtiges ist, und dass sie somit einen nicht gering zu schätzenden Beweis für die Wichtigkeit und Wahrheit der psychologischen Ableitung des Schönen und verwandter Begriffe bilden, das bedarf einer näheren Erörterung nicht. Wir halten uns daher auch hier nicht langer bei ihnen auf; wir wenden uns vielmehr zu einem andern schon oben (S. 2) erwähnten Satze der Kantischen psychologischen Analyse des Schönen, dass es die Form eines Gegenstandes sei, welche ohne Interesse gefalle, und dass es hiedurch vom Angenehmen und vom Guten sich wesentlich unterscheide Die Wahrheit auch dieses Satzes ist in gewissem Sinne zweifellos; das Interesse an der Schönheit ist durchaus ein uneigennütziges oder uninteressiertes, das Schöne hat weder mit den niederen Forderungen der Sinnlichkeit noch mit den höhern der Sittlichkeit etwas zu thun, es erregt als solches weder physische noch moralische Lust, es erregt reine Formfreude, wenn gleich in weit ausgedehnterem Sinne, als es bei Kant der Fall ist, sofern es ja noch weit mehrere wohlgefallenerregende Formen oder kürzer „Schönheitsformen" gibt, als die, welche Kant erwähnt hat. Aber: nach anderer Seite hin ist die Lust an der schönen Form doch nicht ohne ein Interesse an ihr zu denken; denn sie setzt die psychologische Thatsache voraus, dass wir überhaupt ein Interesse für die Formen der Dinge haben, oder dass wir nicht blos für dasjenige an den Dingen ein Interesse in uns tragen, was sinnlich angenehm oder ethisch und sonst gut, sondern auch für das, was an ihnen blosse Form ist. Eine psychologische Betrachtung des Schönen muss daher zu allererst fragen, ob und warum der Mensch ein Interesse an der Form der Dinge als solcher hat; ja sie muss noch weiter zurückgehen, nämlich zur Untersuchung des Interesses des Menschen an den Dingen überhaupt, da ja das Interesse für die Form der Dinge nur ein Teil des Interesses an den Dingen oder an der Welt überhaupt ist und nur innerhalb dieses allgemeinen Interesses für die Welt aufgefunden werden kann. Wenn wir diesen Weg gehen, so werden wir auch noch Anderes, was für die Ästhetik grundwesentlich und grundlegend ist, mitauffinden, so namentlich die letzten psychologischen Ursachen davon, dass es im ästhetischen Gebiete auch noch ein anderes als das Forminteresse gibt, nämlich das Stoffinteresse, welches bekanntermassen vor Allem sich darin äussert, dass wir Alles, was uns irgendwie innerlich berührt oder „interessiert", zugleich in ästhetisch wohlgefälliger Form, wie die Kunst sie schafft, dargestellt wünschen. Auch die verschiedenen „Schönheitsformen" werden sich, wenn wir von diesem Begriff des Interesses des Menschen an der Welt ausgehen, psychologisch-genetisch in natürlicher Folge insgesamt ergeben.

Der Mensch wendet sein Interesse in erster Linie denjenigen Dingen zu, welche eine nähere Beziehung zu seiner Persönlichkeit haben. Die Dinge, welchen eine nähere Beziehung zur Persönlichkeit des Menschen zukommt, sind von zweierlei Art.

Einmal gehört zu ihnen alles Dasjenige, was von Wichtigkeit ist für die Befriedignng der nothwendigen Bedürfnisse unsrer Natur, was unser Wohl, unsern Nutzen, die Annehmlichkeit unsres Lebens befördert. Diese Dinge sind von Hause aus Gegenstand des Interesses für den Menschen, weil an ihnen die Erhaltung und befriedigende Gestaltung seines Daseins hängt; er kann sie nicht entbehren und daher auch nicht gleichgültig gegen sie sein. Unmittelbar ist hiemit auch diess gegeben, dass diese Dinge Gegenstand des Interesses aller Menschen sind; das Nothwendige, Nützliche und Angenehme bedarf und will irgendwie Jeder, und es ist daher Niemand vorhanden, der sich um dasselbe nicht bekümmerte.

Fürs zweite gibt es aber auch solche Dinge, welche ein Interesse haben nicht für Alle, sondern nur für einzelne Menschen und Menschenklassen. Jedes Alter und jedes der beiden Geschlechter hat Gegenstände seines besonderen Interesses, und ebenso hegt jeder Mensch ein besonderes Interesse für Dasjenige, was seiner Individualität angemessen ist und ihr zusagt. Was Bezug hat zu der Beschäftigung, welche ein Mensch sich zu seinem Teil erwählte, zu dem Beruf, welchen er ergriff, und was zu den Gegenständen gehört, welche eine besondere Anziehung auf ihn ausüben, das ist ebendamit auch Gegenstand seines Interesses. Für den z. B., welcher mitten im thätigen Leben steht, wird möglicherweise alles zu diesem Gehörige oder alles „Praktische", für den Freund der Wissenschaft möglicherweise alles, was die „Theorie" angeht, ein mehr oder weniger starkes Interesse haben.

Dieses Interesse, das der Mensch an gewissen Dingen nimmt, kann von der Art sein, dass er gegen andere Dinge, soweit es möglich ist, vollkommen gleichgültig ist oder doch nur wenig mit ihnen zu schaffen haben will. Es kann Menschen geben, deren Interesse über das Nützliche oder auch über das Angenehme nicht hinausreicht. Es gibt solche, welche von wissenschaftlicher oder sonstiger geistiger Beschäftigung so ganz ausgefüllt sind, dass Weiteres sie nur unbedeutend oder gar nicht berührt. Es kann desgleichen geschehen, dass einem Manne, der seine Kraft irgend einem einzelnen Zweige der praktischen Thätigkeit gewidmet hat, alle andern Gebiete derselben sehr gleichgültig sind, indem er eben nur für das lebt, was Gegenstand seiner Neigung ist; und nicht minder kann diess auf dem Gebiet der Wissenschaft der Fall sein, indem z. B. der Freund der Naturforschung gegen die Wissenschaft der Geschichte sich in ausgesprochenster Gleichgültigkeit abschliesst und umgekehrt. Im Gebiet der individuellen „Liebhabereien" vollends kann diese Begrenzheit oder Exklusivität des Interesses in den mannigfaltigsten Gestalten erscheinen; der Eine hat Sinn für dieses, z. B. für Wandern und Reisen, für Reiten und Jagen, der Andere für jenes, z. B. für Sammeln von Steinen und Pflanzen, und jeder von diesen Beiden fragt wenig oder auch gar nichts nach dem, was ausserhalb der Sphäre seines Interesses liegt. So exklusiv kann das Interesse für irgendwelche Art von Dingen oder Beschäftigungen sein, dass dasjenige, was nicht in den Kreis unsres persönlichen Interesse's fällt, sondern demselben fremd und fern ist, uns nicht blos „gleichgültig", sondern geradezu „unverständlich" und „ungeniessbar" und, wenn man uns doch damit behelligen will, „lästig", „langweilig" und „widrig" sein kann. Dasjenige dagegen, was uns „interessant" ist, das ist uns „genehm", „spricht uns an" und „zieht uns an"; es „unterhält" uns, hat „Reiz" für uns, es ist unsrer Aufmerksamkeit, unsrer Teilnahme, ja unsrer Begeisterung sicher; wir reden davon und hören gerne davon reden; wir beschäftigen uns eifrig damit und suchen uns immer vertrauter damit zu machen, wir wenden ihm selbst Anstrengungen und Opfer mancher Art zu, lediglich aus dem Grunde, dass es nun einmal Dasjenige ist, was unser Interesse gewonnen hat.

Indess: so gewiss und unabänderlich die Thatsache ist, dass der Mensch sein Interesse in erster Linie teils dem Notwendigen, Nützlichen und Angenehmen, teils dem zuwendet, was ihm individuell zusagt, so ist doch auch etwas Anderes nicht zu leugnen: vollkommene Beschränkung des Interesses auf diese die Persönlichkeit des Menschen unmittelbar angehenden Dinge, vollkommene Gleichgültigkeit gegen jedwedes Andere liegt nicht im Wesen des Menschen und ist, wo sie doch sich findet, ein Mangel und Fehler, welchen Niemand an sich haben will, der nicht entweder ganz stumpfen Geistes oder ein völliger Sonderling nach Sinnes- und Gemütsart ist. Gerade diess vielmehr ist im Gegensatz zu niederen Kreaturen das wesentlich Menschliche, für Alles, was in den Kreis menschlicher Erfahrung und menschlichen Vorstellens fällt, Interesse zu empfinden.

Der Einzelne ist möglicherweise in Bezug auf sein Lebensalter noch nicht reif oder in seiner Bildung nicht entwickelt genug, um ein Interesse zu haben für Alles und Jedes, woran der Mensch Anteil zu nehmen im Stande ist. Aber ganz ohne irgendwelche Regungen eines solchen allseitigen Interesses ist nicht leicht Jemand, und jede irgendwo sich findende einseitige Beschränktheit des Interesses trägt die Möglichkeit ihrer Erweiterung und völligen Hebung in sich. Der Mensch ist von Jugend an wissbegierig weit hinaus über die enge Grenze dessen, was seine Person, sein Wohl und Wehe, seinen Nutzen und Vorteil, seine Arbeit und Beschäftigung angeht, ja weit hinaus selbst über die Grenze dessen, was er verstehen und begreifen kann. Der Mensch ist neugierig, er hat seine Freude daran, auch in Fremdes neben ihm hineinzublicken, er beobachtet Andere, spürt sie aus, mischt sich in ihre Sachen, lässt sie nicht ihres Weges gehen und kann ihnen mit diesem seinem Interesse für sie geradezu beschwerlich werden. Der Mensch hegt ebenso auch in edlerer, ganz uneigennütziger Weise ein Interesse für das, was seine Mitmenschen angeht: er ist empfänglich für Wohl und Wehe nicht blos seiner Person oder der ihm näher Angehörigen, sondern auch derer, welche ihm ferner stehen, er ist empfänglich für Wohl und Wehe der ganzen Menschheit, und er hat eben damit auch das lebhafteste Interesse für Alles, was hierauf eine Beziehung hat, wie z. B. für alle Begebenheiten und Verhältnisse, welche Wohl und Wehe der Menschen betreffen, für freudige oder traurige Schicksale jeder Art und jeden Orts, für Glück oder Unglück, das er irgendwo sieht, von dem er zufällig hört, und wäre es auch in Raum und Zeit so fern von ihm, dass es ihn persönlich ganz und gar nicht irgendwie berühren kann. „Der Mensch und alles Menschliche ist als solches nicht etwas dem Menschen Fremdes." Und nicht die Menschheit allein, auch die Natur, die Welt ist Gegenstand des Interesses für den Menschen in ganz uneigennütziger, persönlich „uninteressierter" (an kein Interesse im Sinne des Nutzens oder Vorteils denkender) Weise. Je mehr er zum Bewusstsein dessen erwacht, was um ihn her ist, und je deutlicher und umfassender dieses Bewusstsein wird, desto mehr regt sich selbst in dem nach Seite der Bildung beschränktesten Menschen ein Interesse an diesen oder jenen Erscheinungen, welche er wahrnimmt. Sonne, Mond und Sterne, Wälder und Berge, Stürme und Gewitter, Flüsse und Seen, Pflanzen und Tiere ziehen seine Aufmerksamkeit auf sich; und auch was menschliche Thätigkeit in die grosse Natur hineingebaut, Pflanzungen, Wohnsitze, Städte, wird von ihm mit Interesse betrachtet, auch wenn es ihn selber nicht im Mindesten etwas angeht, sondern ihm persönlich schlechthin gleichgültig sein könnte. In der Natur der Sache liegt es jedoch, dass das Interesse des Menschen an dem, was er in der Welt erblickt, nicht Allem gegenüber ein gleich grosses und inniges ist. Es gibt Dinge, bei deren Anschauung zugleich das Gemüt in Regung kommt, so dass hiedurch das Interesse verstärkt wird; dahin gehört alles, was auf Wohl und Wehe lebender Wesen Bezug hat, was das Herz zum Mitgefühl, zur Mitfreude, zum Mitleiden, zur Rührung stimmt oder es wenigstens lebhaft bewegt. Es gibt ebenso Dinge, welche den Geist stärker anziehen als andere. Von ganz besonderer Wichtigkeit ist ferner folgendes: was wir oft und lange in steter Gleichheit und Wiederkehr gesehen, das werden wir eben damit gewohnt, und dieses Gewohntwerden ist von grösstem Einfluss auf unser Interesse an den Dingen. Die Gewohnheit Etwas zu sehen verstärkt einerseits unser Interesse daran: an das Gewohnte wird man anhänglich; es starrt uns nicht fremd, sondern spricht uns heimlich, traulich, freundlich an; wir sehen es immer gerne wieder, wir können uns auf die Dauer nicht von ihm losreissen. Aber andrerseits vermindert die Gewohnheit unser Interesse an den Dingen wenigstens auf Zeiten: was wir zu sehen gewohnt sind, das erscheint uns, falls es nicht besonders wichtig für uns ist, und oft selbst in diesem Falle allmälig als gewöhnlich, alltäglich, gemein, alt und allbekannt, so dass es keinen oder wenig Reiz mehr für uns hat. Dagegen was wir selten oder zum ersten Male sehen, was uns ungewöhnlich, ausserordentlich, merkwürdig vorkommt, was uns unbekannt war und daher nun, da wir es erblicken, für uns neu ist, das zieht an; denn es erweitert unsern Gesichtskreis und gewährt unsrer Wissbegierde eine Anregung und Sättigung, die ihr fehlte, so lange wir nur mit dem, was wir schon wussten, zu schaffen hatten. Ebenso ist Alles, was nach irgend einer Seite hin bedeutend, von grossen Folgen begleitet, in den Lauf der Dinge mächtig eingreifend war, überaus interessant, während wir auf das Gegenteilige weit weniger achten; und ist das Bedeutende vollends von der Art, dass es eindrucksvoll ist durch seltene Kraft, durch Unwiderstehlichkeit, Furchtbarkeit und Unheimlichkeit, so kann man sich ganz und gar nicht gleichgültig dagegen verhalten. Einem solchen gegenüber erwacht vielmehr die Einbildungskraft und kommt durch das Gewaltige der Erscheinung in eine lebhafte Unruhe, welche, je stärker sie ist, desto mehr den Menschen an das Geschehene fesselt, ihn nur schwer davon loskommen lässt, ja ihn so ganz beherrscht und aufregt, dass er sich die Sache in Gedanken wachend oder träumend oft noch viel grösser und bedrohlicher ausmalt, als sie wirklich ist. Diese das Vorhandene mit aller Lebhaftigkeit Vorstellende und es in Folge hievon vergrössernde Thätigkeit der Einbildungskraft zeigt sich aber auch sonst. Dann nämlich, wenn uns Etwas räumlich oder zeitlich ferne ist, d. h. genauer: wenn wir von Etwas, das unser Interesse stark zu erregen geeignet ist, z. B. von einer furchtbaren Schlacht, von einem schrecklichen Erdbeben, von grässlichen Grausamkeiten oder andrerseits von herrlichen Ländern, von paradiesischen Gegenden, von ausserordentlich grossartigen Unternehmungen blos hören, nicht aber solche Dinge selber sehen oder auf anderem Wege ganz genau über ihre Beschaffenheit unterrichtet sind. In diesem Falle geht es uns so: wir haben nur ein dunkles Bild von der Sache, um welche es sich handelt; das lebhafte Interesse aber, das wir an ihr nehmen, erregt in uns ein gleich lebhaftes Begehren nach dem Gegenteil, nämlich danach, ein bestimmtes, klares Bild von ihr zu haben; denn was uns anzieht, das möchten wir uns doch vorstellen können, wir möchten wissen, wie es ist und aussieht; und da nun Niemand da ist, der uns dieses von uns begehrte Vorstellenkönnen wirklich gewährte, so arbeitet die Einbildungskraft selbst, unbewusst und unwillkürlich, daran, eine bestimmtere Vorstellung von dem Gegenstande hervorzubringen. Und zwar thut sie diess, weil sie nicht anders kann, in der Weise, dass sie dem in der Ferne schwebenden Gegenstande aus ihren eigenen Mitteln solche Formen und Züge verleiht, welche unsrem grossen Interesse an ihm entsprechen: sie stellt sich ihn so in aller Weise gross, herrlich und wunderbar, so durchaus gräulich und entsetzlich vor, als wir deswegen, weil er uns so überaus angreift oder zu Herzen geht, vermeinen, dass er sein müsse. Wie viel übertriebene Vorstellungen von Personen, Sachen und Begebenheiten, wie viel unnötige Sorgen und Ängste, wie viel falsche Nachrichten und lügenhafte Erzählungen aus dieser Macht des Fernen über die Einbildungskraft hervorgehen, wie viel Enttäuschungen, Ernüchterungen und Berichtigungen durch dieselbe hintennach bewirkt werden, ist genugsam bekannt. Aber es wäre vergeblich, der in der angegebenen Weise zum Wirklichen Diess und Jenes hinzu erfindenden oder hinzu dichtenden Phantasie die Flügel beschneiden zu wollen. Zahllose reizende Vorstellungen, in welchen das Gemüt des Menschen sich wiegt, z. B. Vorstellungen von der Herrlichkeit vergangener Zeiten, weitentlegener Länder, schlechthin grosser Männer und Thaten, zahllose Geschichten, welche wirklich Geschehenes interessant ausschmückten, zahllose Sagen, welche Thatsächliches in höhere „poetischere" Sphären erhoben haben, wären nicht möglich, wenn man die Einbildungskraft zur Ruhe verweisen wollte; das Interesse des Menschen an der Welt würde nur unnötig abgeschwächt und verdüstert, wenn man ihm verböte, sie mit Zügen und Farben, die er selbst ihr geliehen, zu bekleiden.

Dieses unwillkürliche Streben der menschlichen Einbildungskraft, das, was den Menschen lebhaft erregt, mit Zügen und Farben zu bereichern, welche sie selbst hinzu erfindet, führt uns aber noch zu etwas Weiterem, das ein grosses Interesse für den Menschen hat, nämlich zu der W e l t des U n w i r k - l i c h e n und Ü b e r w i r k l i c h e n. Gar nicht blos das Wirkliche, und sei es auch bereits das von der Einbildungskraft poetisch umgestaltete Wirkliche, zieht den Menschen an. Sondern auch das zieht ihn an, was ganz und gar dem Reich der Träume, der vollkommen auf eigene Hand, unbewusst oder bewusst, unwillkürlich oder geradezu willkürlich erfindenden Einbildungskraft angehört. Unmassen viel Unwirkliches dichtet die Phantasie mythologischer Religionen und ihr entarteter, aber unaufhörlich im Dunkeln fort und fort schaffender Sohn, der Aberglaube. Unmassen viel Unwirkliches dichtet im Anschluss hieran die Einbildungskraft jugendlicher, mit der Welt noch unbekannter, diese unbekannte Leere aber mit den Gebilden ihres eigenen Vorstellens um so reicher bevölkernder Menschen und Nationen. Kaum weniger Unwirkliches dichtete und erdichtete die Phantasie solcher Menschen, welche in ferne Regionen verschlagen waren und dorther Erzählungen von Abenteuern und Wundern mitbrachten, welche sie zu sehen glaubten oder gesehen zu haben vorgaben; und ebenso thut es die Laune, welche in scherzhaften Erfindungen und Aufschneidereien sich gefällt, oder gar die List und die Bosheit, welche die Leichtgläubigkeit der Einbildungskraft Anderer benützt, um ihnen Lügen der buntesten und haarsträubendsten Art aufzubinden. Gerade je unwirklicher solche Sachen sind, desto anziehender pflegen sie zu sein. D i e W i r k l i c h k e i t f ü l l t u n s r e E i n b i l d u n g s k r a f t k e i n e s w e g s a u s. Denn der Mensch hat nicht blos wie das Tier die Fähigkeit, sich dasjenige vorzustellen, was er wirklich spürt, hört und sieht, sondern auch die, sich alles nur irgend Vorstell- oder Denkbare, alles irgend Mögliche vorzustellen; dieses Letztere ist eine Hauptfunktion seiner „Einbildungskraft". Daher nimmt sie eifrig auf Alles, was über die Wirklichkeit hinausgeht; wenn so Etwas an uns kommt, so empfinden wir eine ganz eigene Stimmung, wir finden uns erweitert, aus uns selber hinaus versetzt, mit schlechthin Neuem bereichert, wir werden in Regionen geführt, welche nicht alltäglich uninteressant, sondern hoch und höchst interessant sind durch ihren vom Wirklichen ganz und gar abweichenden Charakter, und schon diess zieht uns an, dass hier Unwirkliches, von dessen Unwirklichkeit wir nach der Seite des Verstandes schlechthin überzeugt sind, dess ungeachtet Gestalt und Leben vor uns gewinnt, als ob es wirklich wäre. Zudem hat die Wirklichkeit durch ihre „stete Dieselbigkeit" etwas Einengendes und Beschränkendes für uns; das Unwirkliche durchbricht diese ihre Fesseln und gibt uns ein, wenn auch täuschendes Gefühl der Erhebung über sie in freiere Sphären, in das Reich des im unbegrenzt Weiten schwebenden und schweifenden Gedankens. Noch lebhafter ist unser Interesse, wenn ein solches Unwirkliches für uns geradezu die Signatur des absolut Unmöglichen, des gar nicht sein und geschehen Könnenden an sich trägt, wenn es den Gesetzen des Seins und Geschehens durchaus zu widersprechen, sie ganz und gar aufzuheben, ihrer zu spotten scheint. So z. B., wenn wir nicht blos von Geistern, die ja „am Ende schon irgendwo existieren könnten", sondern von Handlungen solcher Geister in der wirklichen Welt, von Menschen, die durch sie plötzlich geraubt und über Berge und Meere hinweg entführt worden, oder wenn wir von Tieren gross genug die halbe Erde zu verschlingen oder von Magnetbergen, welche die eisernen Nägel und Klammern aus den an ihnen vorübersegelnden Schiffen ziehen, erzählen hören. Durch solches phantastisch Wunderbare wird die Welt geradezu auf den Kopf gestellt", es wird Alles aufgehoben, was bisher Geltung hatte, Gesetz und Ordnung der Dinge ist vernichtet und verschwunden. Aber um so mehr nährt sich daran und schwelgt darin die Einbildungskraft; in solchen Dingen erblickt sie ihre eigenen Gebilde, ihre Kinder und umfasst sie mit Hochgenuss; der mürrische Kritiker Verstand mag sagen, was er will, er wird nicht gehört. Jedes Vermögen unsrer Seele will das Seine und hat das Recht es zu wollen, und so auch die Phantasie; das ewig Alltägliche wird allmälig so einförmig, so monoton, so reizlos, so übermässig bekannt und klar, so langweilig wahr, dass der Geist auch das Gegenteilige begehrt, um an ihm sich zu erfrischen, statt an dem, was er stets vor sich sieht und seit Urzeiten weiss, sich abzuquälen und aufzureiben.

Verwandt mit dem Interesse, welches das unwirklich Wunderbare mit sich fuhrt, ist dasjenige, das uns erfasst, wenn etwas zwar keineswegs über den Kreis des Wirklichen hinausfallendes, aber dess ungeachtet für uns Geheimes, Unerschlossenes und Unerforschliches oder wenn ein Rätsel, ein Mysterium vor uns tritt. Hier wird der Verstand ganz besonders in Anspruch genommen. Er sieht oder hört etwas, von dem er die feste Überzeugung hat, dass es im Kreise des Denk- und Begreifbaren liege, das aber ganz und gar oder nach einer einzelnen Seite hin so dunkel ist, dass er nicht sagen kann, was es sei, wie es mit ihm zugehe, was es bedeute, worauf es hinaus wolle. Geheimnisvolle Worte, die ein Mensch verlauten lässt, unerklärliche Geberden oder sonstige Andeutungen, die Jemand von sich gibt, undeutbare Weisheits- oder Orakelsprüche, Rätsel (im gewöhnlichen Sinn des Worts), Taschen- spielereien, hinter die man nicht kommt, „Geisterseherei en" (wie z. B. in dem nach ihnen benannten Romane Schiller's), zu welchen man den Schlüssel noch nicht entdeckt hat, und sonstige Künste sei's hoher Geschicklichkeit oder trüg- lichen Scheins, die man nicht begreift, unverständliche und etwa auch mit be- sonderem Nimbus und Pomp sich umgebende Handlungen und Ceremonien, das Alles hat solchen Reiz für den vergebens oder doch nur mit langer und saurer Mühe die Auflösung suchenden Verstand, dass man nicht leicht davon loskommt, sondern es um jeden Preis heraushaben will. Sind die Rätsel ein blosses Spiel, so unterhält und ergötzt man sich daran; ist oder scheint die Sache ernster, so ruht man nicht, bis man ins Klare kommt, und zwar auch das in ganz „uneigennütziger" Weise, d. h. auch dann, wenn die Sache uns selbst nicht das Geringste angeht. Der Verstand geht vermöge seines Wesens überall und unbedingt auf lichte Klarheit aus; aber gerade deswegen hat er ein Interesse daran, das Unklare aufzuhellen, auch wenn durchaus kein persönlicher Zweck ihn zu solcher Aufklärung treibt. Ja er findet sich durch den Widerstand, welchen das Dunkle ihm entgegenhält, geradezu angeregt und unterhalten; mit dem alltäglich Sonnenklaren hat er stets genug zu thun, und er begehrt daher auch etwas Anderes als Dasjenige, was ihm nachgerade platt, seicht und oberflächlich scheint; drum weilt er gerne da, wo ein Vorhang zu heben, eine verborgene Thüre zu finden und aufzuschliessen ist. Oder: auch für den Verstand, nicht blos für die Einbildungskraft gibt es einen Reiz, eine unüberwindlich anziehende „Romantik" des Wunderbaren, und es tritt daher bekanntlich ein Gefühl der Enttäuschung, der Leere, des Gekommen- seins um einen Schatz, nach welchem man neugierig ausschaute, eben dann ein, wenn derselbe durch die Lösung des Rätsels entdeckt und gehoben ist. Das Interesse am Mysterium kann freilich zu schlechten oder doch ganz und gar unfruchtbaren Zwecken, zu Unfug und Humbug mannigfaltigster Gattung ausgebeutet werden. Aber gerade in den „aufgeklärtesten" Zeiten pflegt nichts beliebter zu sein als alles dieses Zeug, zum deutlichen Beweis, dass für den Verstand gar nicht blos das verständig und verständlich Klare, sondern zum Mindesten ebensosehr Dasjenige ein unausrottbares Interesse hat, was für ihn undurchdringlich ist und seinem Streben nach Klarheit geradezu Hohn zu sprechen scheint.

Das Interesse, das der Mensch an der Welt, sei es an der wirklichen sei es an der eingebildeten, nimmt, geht jedoch nicht blos auf die Gegenstände, welche diese beiden Welten in sich enthalten, sondern auch noch auf etwas Anderes, nämlich auf die Formen, welche er an den Dingen wahrnimmt, auf das grosse Reich mannigfaltiger Gestaltungen, welche ihm an denselben entgegentreten.

Wie geht es mit diesem Interesse für die Form oder Gestaltung der Dinge zu, und was schliesst es in sich?

In Folge des Interesses, das man an der Welt und an ihren tausend und aber tausend Dingen nimmt, interessiert man sich allmälig nicht blos für diese selbst, sondern auch für Das, was man an ihnen bemerkt, d. h. fur ihre Eigenschaften, ihre Zustände, ihre Bewegungen, Thätigkeiten und Wirkungen. Und zwar interessiert man sich zuvörderst für solche Eigenschaften der Dinge, welche praktische Bedeutung, d. h. welche eine Beziehung haben zu dem, was für den Menschen stets das Erste ist: zu dem Nutzen oder zu der Annehmlichkeit, die wir aus ihnen ziehen können. Man interessiert sich z. B. für die Brauchbarkeit gewisser Naturdinge, wie Holz und Steine, zu praktischen Zwecken, man interessiert sich für die Nützlichkeit und Schädlichkeit dieser oder jener Bodenerzeugnisse in Betreff der Erhaltung unsres Lebens und unsrer Gesundheit, für Essbarkeit und heilkräftige Wirksamkeit der einen, für Ungeniessbarkeit und Gefährlichkeit der andern, man interessiert sich ebenso auch für ihren Geschmack und Geruch, für ihre Süssigkeit und Bitterkeit und dergleichen. Man interessiert sich ferner theoretisch, d. h. aus Wissbegierde und höher hinauf behufs wirklicher Wissenschaft, für die physikalischen Eigenschaften der Naturdinge, als da sind Harte und Weichheit, Trockenheit und Flüssigkeit, chemische Zusammensetzung, desgleichen für das Leben der Pflanzen, für ihr Wachsen und

Reifen, für die Früchte, die sie bringen, nicht minder für die Eigenthümlichkeiten der Tiere, ihre Wildheit und Zahmheit, ihre Bewegungen, ihre Gewohnheiten und Lebensweisen, ihre Künste und Geschicklichkeiten u. s. f.; man beobachtet endlich hauptsächlich auch die Menschen nach der Seite ihrer so verschiedenartigen Neigungen und Leidenschaften, ihres so mannigfaltigen Treibens und Thuns.

Aber das ist nicht das Einzige. An den Dingen, welche wir wahrnehmen, fällt uns auch noch eine andere Reihe von Eigenschaften auf, als die soeben angeführten, nämlich solche Eigenschaften, welche die Erscheinung, das Aussehen, die Gestaltung, die Form der Dinge und dessen, was an ihnen vorgeht, betreffen. Wir bemerken an den Dingen verschiedene Gestalt oder Figur, verschiedene Farbe, verschiedene Grösse, wir bemerken an ihnen zwei Hauptformen ihrer Zustände, Ruhe und Bewegung, wir sehen an ihnen verschiedene Grade der Beweglichkeit, wir gewahren an ihnen und ihren Bewegungen und Wirkungen verschiedene Grade von Stärke und Kraft, und wir interessieren uns für all das gar nicht blos um praktischer oder um wissenschaftlicher Zwecke willen, sondern in ganz „uneigennütziger" Weise oder lediglich deswegen, weil auch die Erscheinung der Dinge zu der Gesamtheit dessen gehört, was unsere Aufmerksamkeit lebhaft auf sich zieht. Nichts beachtet und unterscheidet man ja vom frühesten Bekanntwerden mit der Welt an mit grösserem und ganz uneigennützigem Interesse, als diess, ob die Dinge, die wir erblicken, so oder anders gebaut und geformt, ob sie so oder anders, z. B. gerade oder schief oder krumm, gewachsen sind, ob sie gerade oder nicht gerade stehen, ob sie rundlich sind oder eckig und spitzig, ob sie hell- oder dunkelfarbig sind, ob sie diese oder jene besondere Farbe, Rot, Grün u. s. f., an sich tragen. Nichts beachtet man desgleichen von frühe an mit mehr und auch hier ganz uneigennützigem Interesse, als das, ob die Dinge gross oder klein, stattlich oder gering, desgleichen ob sie ruhig oder bewegt, ob sie schwer zu bewegen sind oder leicht, ob sie in langsamem oder raschem Bewegen begriffen, ferner ob sie fest und stark oder schwach und zart sind sowol an sich selbst als in ihren Bewegungen und Wirkungen. Diese Eigenschaften, welche an den Dingen hervortreten, haben für uns allerdings noch ein anderes als das blosse Forminteresse, sie haben auch ein „theoretisches Interesse" für uns, sie sind sehr wesentlich dasjenige, woran wir die Dinge von einander unterscheiden lernen, woran wir sie „kennen"; ob Berg oder Wolke ob Baum, ob Tier oder Mensch mir gegenüberstehen, das erkenne ich in erster Linie an der jedesmaligen Gestalt, welche ich vor mir sehe, in zweiter an ihrer Färbung, in dritter an ihrer Grösse oder Kleinheit, und ebenso auch daran, ob die Gestalten, die ich sehe, ruhig stehen oder ob sie sich bewegen, ob sie so oder anders sich bewegen, so oder anders gehen und schreiten, so oder anders sich geberden. Aber dieses theoretische Interesse ist es nicht allein, was die Aufmerksamkeit des Menschen auf die Formen der Dinge bewirkt oder mittelst ihrer seine Befriedigung sucht. Im Gegenteil: diese Aufmerksamkeit regt sich ganz unabhängig davon, dass wir etwa die Dinge erkennen wollen, sie regt sich von selbst oder unmittelbar, sobald eine Form uns wahrnehmbar entgegen tritt, und sie bleibt, auch wenn der theoretische Zweck, des „Kennen der Dinge an ihrer Form", längst erfüllt ist und an ihn gar nicht mehr gedacht wird; die Form eines Berges bleibt mir als solche stets interessant, auch wenn ich sie längst nicht mehr dazu brauche, an ihr diess, dass das ein „Berg", nicht aber ein Kameel oder ein Wiesel ist, zu erkennen. Kurz, es ist gewiss: dem Menschen sind die Formen der Dinge um ihrer selbst willen interessant, der Mensch hat Forminteresse, uneigennütziges (praktisch und theoretisch „uninteressiertes") Forminteresse.

Zu dem Kreise von Gestaltungen, die wir von frühe an mit lebhaftem Interesse an den Dingen bemerken, gehört aber auch noch etwas Weiteres ausser dem vorhin Angeführten: nicht blos Gestalt und Bewegung, nicht blos Grösse und Kraft interessiert uns allzeit an den Dingen, sondern ebensosehr thun es auch die Klangwirkungen, welche von ihnen ausgehen. Nichts zieht das Interesse des Menschen mehr an, als die Beschaffenheit der Geräusche und ebenso der feinern Töne, welche an den Dingen hervortreten, wenn sie fallen, wenn sie sich bewegen, wenn man selbst durch Schlag oder Stoss ihnen Klangwirkungen entlockt. Das Tönen der Dinge ist allerdings auch für das theoretische Interesse von grosser Wichtigkeit; an gewissen Tönen erkennen wir gewisse Naturerscheinungen, mit welchen dieselben verbunden sind, z. B. Sturm und Gewitter, Wind und Regen, Fluthen und Wasserströme, Einsturz und Zertrümmerung; an andern Tönen hinwiederum erkennen wir Metalle und Steine, wieder an andern, an den „Stimmen", Tiere und Menschen, z. B. unsere Bekannten und Freunde, indem ja gerade für lebende Wesen die Töne, in welchen sie sich vernehmen lassen, so ganz besonders bezeichnend sind. Allein auch hier gilt das oben Gesagte: wir gebrauchen die Töne der Dinge nicht blos um unsere Kenntniss von diesen darauf zu gründen, sondern wir haben für alle Tongestaltung ein Interesse um ihrer selbst willen, ein Interesse, das ein Teil ist unseres Gesamtinteresses für die uns erscheinenden Formen der Dinge.

Der Sinn des Menschen für die Form ist nicht von Anfang an in der ganzen Allseitigkeit vorhanden, zu welcher er von Natur fähig ist. Er entwickelt sich nur allmälig und nicht bei Allen in gleicher Weise und zu gleicher Höhe. Aber er bleibt doch nur sehr ausnahmsweise stehen bei den Gestaltungen der Dinge, welche wir zu allererst wahrnehmen, nachdem sich unser Bewusstsein von der Welt zu regen begonnen hat. Im Gegenteil: je mehr wir dazu gelangen, die Gegenstände um uns her mit dem Auge des schärfer unterscheidenden Verstandes zu betrachten, desto mehr nimmt der Kreis der Formen, die wir bemerken, und damit auch unser Interesse an der Welt der Formen zu.

Wir bemerken allmälig nicht mehr blos diese und jene singuläre geometrische Form der Dinge, wie z. B. gerade und gekrümmt, eckig und rund (S. 14), sondern wir lernen Schritt vor Schritt das ganze Reich der Linien, der Figuren und der Körper kennen, und wir werden aufmerksam auf gewisse Unterschiede, welche uns innerhalb dieser Mannigfaltigkeit von Gestalten oder „Formationen" überall begegnen, wir glauben z. B. an einem Gesichte eine schärfere, eine fester und markiger ausgeprägte Formation seiner Züge, an einem andern eine weniger scharfe, „verschwommenere" Gestaltung derselben zu erblicken, wir finden denselben Unterschied „markierter oder nicht markierter Physiognomien" auch sonst an lebenden und ebenso an leblosen Wesen; wir unterscheiden ferner regelmässige und unregelmässige Formationen der Dinge überall und verfolgen auch sie mit nie aufhörendem Interesse.

Mit gleichem Interesse unterscheiden wir ferner einfachere und zusammengesetztere Formen der Gewächse, der tierischen Organismen, der von Menschen geschaffenen Gebäude, Geräte, Maschinen u. s. f. Ebenso sehen wir allmälig nicht mehr nur so im Allgemeinen hin auf Mengen und Massen von Dingen, die wir erblicken, sondern wir reflektieren bestimmter darauf, wie gross etwa eine Mehrheit von Gegenständen sei, welche da vor uns steht, oder wir „zählen", wir fixieren die Anzahl der Teile und

Glieder eines Organismus, der Augen, der Füsse, der Arme, der Hände und Finger; wir unterscheiden „Wenigkeit und Vielheit, Armut und Fülle, Dürftigkeit und Reichtum"; wir staunen, wenn Mengen und Massen, die uns unzähl- und damit unfassbar scheinen, uns gegenübertreten. Wir sehen desgleichen allmälig grosse und kleine Dinge nicht mehr gedankenlos an, sondern machen bestimmte Unterschiede zwischen Beiden; wir unterscheiden bestimmt die verschiedenen Grade und Masse der Grösse und Kleinheit, die es geben kann, wir reden von unendlich Kleinem und unendlich Grossem und von der ganzen Stufenfolge verschiedener Grössen, welche zwischen diesen beiden Endpunkten möglich sind, d. h. wir sprechen einerseits von ansehnlichen, stattlichen, riesenhaften, kolossalen, andrerseits von bescheidenen, dem Kleinen zu sich neigenden, immer winziger werdenden, ebenso auch von mittelgrossen, gemässigt oder massvoll grossen Dingen; wir „klassificieren" die Naturdinge, die Menschen, die verschiedenen Alter und Geschlechter ganz besonders nach den verschiedenen Grössengraden, welche sie zu haben pflegen, oder welche sie zu erreichen im Stande sind.

Und auch diess ist noch nicht Alles. Wir lernen die Grösse der Dinge bestimmt schätzen und geradezu messen; wenn wir so weit sind, so vergleichen wir sie auch unter einander, und bei solchem Vergleichen fällt es uns auf, welches Verhältnis oder welche Proportion sei zwischen verschieden grossen Dingen, und welches Verhältnis sei zwischen den Dingen selbst und etwaigen ihrer Teile; wir finden z. B. ein Haus unverhältnismässig klein neben zwei andern grösseren, mit welchen wir es unwillkürlich oder absichtlich vergleichen, wir finden andrerseits eine Nase, einen Bauch unverhältnismässig gross in Vergleich mit dem Gesichte, in welchem jene sitzt, mit dem Körper, welcher diesen trägt; wir kommen ebenso auch zu der Vorstellung des unvergleichbar Grossen oder des Erhabenen, sowie zu der Vorstellung des verschwindend Kleinen. Auch die Kräfte und die Bewegungen der Dinge schätzen, messen und vergleichen wir jene nach dem Grad ihrer Stärke, diese nach dem Grad ihrer Schnelligkeit und kommen hiedurch zu ganz verwandten Formbestimmungen wie bei der Grösse; wir unterscheiden Kraftvolles und Zartes, unendlich Starkes und unendlich Feines, wir unterscheiden wohlproportionierte und unverhältnismässig grosse Stärke (z. B. von Tönen), wir unterscheiden massvolle, unverhältnismässig rasche, unverhältnismässig langsame Bewegung. Allein auch hiebei bleibt unser Sinn für die Form und unser Interesse an ihr immer noch nicht stehen. Es gibt noch weitere Formen oder Gestaltungen der Dinge, die uns anziehen, und zwar so zahlreich und vielfältig, dass wir hier nur die wichtigsten und bekanntesten erwähnen. Es treten uns z. B. in der grossen Natur, in der Landschaft, an Felsen und Bergen, ebenso an Tieren und Menschen Gestaltungen entgegen, welche das Gepräge des Selbstständigen, des Entschiedenen, des Charaktervollen an sich tragen, andere dagegen schweben sozusagen „in schwankender Erscheinung", weil ihnen selbstständiges Beruhen in sich und weil ihnen die Bestimmtheit des Wesens, welche wir Charakter nennen, fehlt; in dieser Art unterscheidet sich z. B. das noch Unentwickelte, Unfertige, „Kindliche" von dem, was zu voller Entfaltung und Reife gelangt ist. Ein anderer Gegensatz ist der zwischen Helligkeit und Dunkelheit, Klarheit und Trübe, Deutlichkeit und Undeutlichkeit z. B. der Beleuchtung, der Färbung, des Tones, der Sprache und höher hinauf der Bilder und Gedanken.

Weiter tritt uns in der Welt entgegen Einheit des Vielen unter sich und ihr Gegenteil, und zwar in sehr weitverzweigtem Umfange. Das eine Mal z. B. tritt uns entgegen einheitliche Gestaltung, Gleichförmigkeit des Charakters einer Landschaft, gleichartige Beleuchtung und Färbung derselben, Gleichheit oder doch Ähnlichkeit der Töne und Klangfarben, gleicher Typus der Körper- und Gesichtsbildung, ebenso auch Gleichheit der Sitten und sonstigen Eigentümlichkeiten der Menschen; andrerseits aber fehlt es der Welt bekanntlich nicht an dem entgegengesetzten Element, an dem der Verschiedenheit: wir sehen in der Welt nicht blos Einheit, wir sehen in ihr auch Mannigfaltigkeit, Buntheit, Wechsel, und nicht blos diess, sondern auch mehr oder weniger bestimmt ausgeprägte Gegensätze oder Kontraste aller Art, z. B. Tag und Nacht, Licht und Finsterniss, Weiss und Schwarz, Gut und Böse. Desgleichen kann eine Körperbildung, eine Physiognomie, eine Farbe oder Farbenzusammenstellung, eine Kleidertracht, eine Gewohnheit, eine Gemütsart, eine Handlung uns als regelrecht, als normal erscheinen, weil sie nicht abweicht von derjenigen Gestaltung, welche irgendwo, sei's bei Naturdingen oder bei Tieren oder bei Menschen, die einheitliche Norm oder der durch Alles gleichmässig hindurchgehende Gattungscharakter ist; andere dagegen kommen uns absonderlich, völlig eigenartig und originell, ja geradezu sonderbar, abnorm oder gar frazzenhaft, barock, bizarr und abenteuerlich vor und erregen hiedurch ganz vor-

nemlich unsre Aufmerksamkeit. In Reden ferner und in Handlungen, in Kunst-
und sonstigen Geisteswerken der Menschen sehen wir oft Einheit, d. h.
Zusammenhang, Plan und Zweck, Absicht und Überlegung, welche alles in
ihnen enthaltene noch so Viele und Verschiedene aufs Strengste unter sich
verknüpfen; oft aber sehen wir von all Dem nichts, wir sehen vielmehr reine
Planlosigkeit und Gedankenlosigkeit der Menschen im Handeln, wir sehen ein
regelloses Sichumtreiben der Menschen in unzusammenhängenden und zu
nichts führenden Einfällen, wir sehen selbst in Werken des „Geschmacks",
in Dichtungen und Beschreibungen, ein willkürliches Zusammenhäufen unzu-
sammengehörigster Einzelheiten, kurz wir sehen nicht Einheit, sondern Ein-
heitslosigkeit. Ein Haus, eine Stadt, was sind sie? Nichts Anderes als
eine Masse hiezu brauchbarer Stoffe zu Einem Ganzen zusammengefügt
und zusammengeordnet; ein Erdbeben, eine Überschwemmung, ein Sturm, ein
Brand zerstört Alles wieder, und es erscheint anstatt dessen nichts als Wirr-
niss und chaotisches Durcheinander dessen, was vorher so wohl
verbunden war. Eine Mehrheit von Menschen, eine Familie z. B. oder ein
Volk, sehen wir zu absoluter Einheit unter sich verbunden durch das
Gesetz oder durch die Alles streng regelnde Sitte; anderswo aber erhebt
die Freiheit ihr Haupt, ja es kann geradezu Auflösung aller Bande, fessel-
lose Willkür, wilde Anarchie die Gestalt der Dinge werden. Ähnlich verhält
es sich mit Begebenheiten und Ereignissen; das eine Mal sehen wir eine Reihe
von solchen sich abwickeln in der Gestalt strengster Gesetzmässigkeit eines
nirgends eine Lücke zeigenden Kausalzusammenhangs, das andre Mal scheint
ein Zusammenhang des Geschehens nicht da zu sein oder plötzlich auszugehen,
der Zufall, das blinde Schicksal tritt plötzlich herein und bringt Wirkungen hervor, welche den Gang der Dinge ganz anders gestalten, als seine bisherige
Entwicklung es erwarten liess, die Kette ist zerrissen, der Faden abgebrochen,
die Einheit des Geschehens ist gesprengt und nicht mehr vorhanden.

Wir sahen früher (S. 14), dass die Grössen- und Kraftunterschiede
der Dinge ein ganz besonderes Interesse für uns haben; ganz ebenso verhält es sich auch mit ihren Unterschieden in Bezug auf Bedeutung
und Macht; wir sehen überall bedeutende, gehalt- und wertvolle, würdige
Erscheinungen gegenüberstehen teils dem Bescheidenen und Anspruchlosen,
teils dem Leeren, Faden und Würdelosen, wir sehen desgleichen das Mächtige,
Gewichtige, Gewaltige Demjenigen entgegenstehen, was in keiner Weise viel

zu sagen hat, was unwichtig, unschädlich, harmlos oder was gar elend und
erbärmlich ist.

Endlich: wie Regelmässigkeit und Unregelmässigkeit (S. 16), Wohl- und
Missverhältnis (S. 17), so unterscheiden wir auch Harmonie und Disharmonie oder Einstimmung und Widerstreit überall und in ausserordentlich
umfassender Weise. Sowohl in der Sinnen- als in der Geisteswelt treffen wir
Beides an. Es gibt z. B., um nur Einiges zu nennen, eine Harmonie der Linien‘
und der Umrisse, eine Harmonie der Beleuchtung und der Farbe, eine
Harmonie der Töne, eine harmonische Beschaffenheit des Gemüts und des
Charakters, eine durch keinen Misslaut gestörte Harmonie des Lebensganges,
eine Harmonie zwischen Thun und Schicksal, eine „harmonisch Alles lösende
und versöhnende Weisheit und Gerechtigkeit"; es gibt aber auch Disharmonie,
Dissonanz, Widerspruch und Streit in allen Gebieten, im natürlichen und im
sittlichen Universum. Dafür bedarf es eines Beweises nicht, dass jede Art
harmonischen und disharmonischen Verhältnisses der Dinge das höchste
Interesse für uns hat, und zwar auch ein ganz uneigennütziges Interesse, obwohl, wenn in Ruhe und Glück von Menschen, die wir kennen, eine Disharmonie störend hineingreift, sich persönliche Teilnahme an den davon Be-
troffenen hinzugesellt; Harmonie und Disharmonie üben auf Sinn und Geist
eine unbedingt mächtige Anziehung und Wirkung.

In dem bisher betrachteten Interesse des Menschen für die Dinge und
für ihre Formen wurzelt hauptsächlich Dasjenige, um was es sich bei dieser
ganzen Untersuchung für uns handelt, das ästhetische Verhalten.
Was ist „ästhetisches Verhalten?"

Das Interesse des Menschen an den Dingen und ihren Formen kann, wie
schon öfters hervorgehoben wurde, ein praktisches oder ein theoretisches Inter-
esse sein. Das heisst: man kann einerseits die Dinge und ihre eigenthümliche
Gestaltung ansehen auf gewisse Zwecke, sei's des Gebrauchs oder der An-
nehmlichkeit, zu welchen sie dienen können, wie z. B. gewisse Metalle auf die
Brauchbarkeit, welche ihnen sei's ihre Biegsamkeit oder ihre Härte zu gewissen
Zwecken gibt, Holz auf seine Brauchbarkeit zu Geräthen aller Art, Obst und
Wein auf ihre Brauchbarkeit zu angenehmer Befriedigung der Ess- und Trink-

lust. Man kann ebenso andrerseits die Dinge und ihre Formen zu Gegenständen des Erkennens machen; man untersucht ihre stofflichen Eigenschaften, wie diess in wissenschaftlicher Weise die Chemie thut, und desgleichen ihre Formeigenschaften, wie z. B. die Geometrie die Figuren und die Grössenverhältnisse der Dinge wissenschaftlich behandelt. Solange wir aber die Dinge und ihre Formen auf ihren praktischen Gebrauch und Genuss ansehen oder sie zu erkennen streben, so lange verhalten wir uns nicht „ästhetisch" zu ihnen. Ästhetisch verhalten wir uns zu ihnen nur insofern, als wir sie einfach ohne jeden weiteren Zweck „ansehen" oder „beschauen" oder „betrachten"; das ästhetische Verhalten zu den Dingen und ihren Formen ist, wie auch Kant (S. 50) sich ausdrückt, ein kontemplatives (d. h. eben ein beschauliches, welches allerdings wohl auch dazu fortgehen kann, Gegenstände solcher ästhetischen Kontemplation, Kunstwerke, selbst hervorzubringen). Derjenige Mensch, der in der Morgenfrühe sofort seine Arbeit an gewissen Dingen in die Hand nimmt, der beginnt seinen Tageslauf „praktisch"; derjenige, der sofort nach dem Aufstehen ein Buch zur Hand nimmt, der fängt den Tag mit „theoretischer" Beschäftigung an; derjenige aber, der zu allererst an's Fenster tritt und sich die Welt da draussen beschaut, der hat „ästhetisch" angefangen. Das ästhetische Verhalten hat mit dem praktischen gar keine Verwandtschaft; wer Bäume fällt oder wer Kirschen verzehrt, der handelt hiemit ganz und gar nicht ästhetisch; nur der verhält sich zu Bäumen und Kirschen ästhetisch, der sie ansieht, nicht aber sie sich zu Nutzen oder Behagen verwendet. Dagegen mit dem theoretischen Verhalten hat das ästhetische eine gewisse Verwandtschaft. Auch das theoretische Verhalten ist ein Beschauen und ein Betrachten; mit dem Betrachten eines Baumes fängt meine Erkenntnis dieses Baumes an, ohne ihn zu betrachten kann ich von seiner Beschaffenheit keinen Begriff gewinnen. Aber ein wesentlicher Unterschied ist darum doch zwischen beiden Arten des Verhaltens vorhanden. „Theoretisch" (höher hinauf „wissenschaftlich") verhalte ich mich zu einem Baume, wenn ich wissen will, was er ist, d. h. wie hoch und breit er (in bestimmter Ziffer ausgedrückt) ist, was seine Textur, was die Stärke seiner Rinde, was seine Tragkraft, was seine Frucht ist u. s. f., daher ich denn auch bei diesem theoretischen Verhalten mit dem Beschauen und Betrachten allein nicht weit komme, sondern exakte Messungen an ihm vornehmen und mir auch sonstige genaue Data über ihn verschaffen muss. Ästhetisch verhalte ich mich zu ihm nur dann, wenn ich gar nicht wissen will, was er sei, wenn ich vielmehr ihn und seine Gestalt und Grösse, ebenso auch seine Äste und Zweige, seine Blätter und Früchte blos beschaue und von diesem blossen Beschauen mich angezogen fühle oder eine Befriedigung in diesem blossen Beschauen finde. Dieses „Fühlen einer Anziehung, einer Befriedigung" muss allerdings auch dabei sein; wer z. B. bei einer Biegung des Weges, den er geht, plötzlich einen Baum sieht, welchen er nicht erwartete, weil die Gegend sonst ganz kahl ist, und daher diesen Baum überrascht anstarrt, der verhält sich noch nicht ästhetisch zu ihm; das thut er erst dann, wenn die Erscheinung des Baumes ihn so anzieht durch Gestalt, Grösse u. s. f., dass er mit einer gewissen Befriedigung sich dem Beschauen desselben überlässt, in seinem Beschauen kürzer oder länger „verweilt". Ebenso verhält sich zu einem Tone auch nicht der ästhetisch, welcher auf ihn hört, weil derselbe ihm etwa plötzlich stark in's Ohr fällt, sondern erst derjenige, welcher ihm lauscht, weil er irgendwie von seiner Beschaffenheit angezogen wird. Noch ist zu bemerken: das „Schauen", von welchem hier die Rede ist, begreift in sich nicht blos das Sehen mit dem Auge, das Lauschen mit dem Ohre, sondern alles und jedes Schauen im umfassendsten Sinne dieses Worts, alles und jedes Betrachten, das es gibt, und so namentlich auch das „Sehen mit dem innern Auge", das Anschauen in und mit der Einbildungskraft, wie diess z. B. dann stattfindet, wenn ich einer Geschichte, die Jemand erzählt, mit meiner Einbildungskraft folge.

Woher kommt nun die Anziehung und Befriedigung, welche das blosse Beschauen der Dinge und ihrer Erscheinung gewährt, oder, kürzer gesagt, die Lust des blossen Schauens der Dinge? Wie ist es möglich, dass das blosse Anschauen eines Dinges anzieht und befriedigt, ohne dass irgend ein praktischer oder anderweitiger Zweck uns zu demselben hintreibt und demselben einen Werth für uns gibt?

Die Antwort hierauf kann keine andere sein als die: das Interesse, und zwar das uneigennützige Interesse, das der Mensch an den Dingen und an ihren Formen nimmt, dieses Interesse ist es, was ihm auch das Sehen derselben zu einem Gegenstand der Anziehung und Befriedigung macht. Auch das eigennützige Interesse (das Wort „eigennützig" nicht eben im schlechten, sondern in dem Sinne genommen, dass man bei einem Dinge Etwas für sich, sei es für seinen Gebrauch oder für sein Erkennen, sucht) treibt uns zum Anschauen eines Dings; wir sehen gerne, was wir besitzen möchten, was wir lieben, was uns Vorteil oder Genuss verspricht, was unsre Wissbegierde reizt, wir hören gerne davon u. s. f. Aber dieses „Gernesehen" geht da nicht eigentlich auf das Ding selbst, sondern auf das, was es uns gewähren soll, und ein solches Gernesehen hält daher auch nicht lange vor: den Baum, den man deswegen beschaut, weil man ihn nutzbar verwerten will, den fällt man bald möglichst, den Wein, den man vergnügt im Glase funkeln sieht, nimmt man noch gerner zu sich, die Versteinerung, die der Mineralog mit Freuden am Wege sieht, unterzieht er sofort einer sie zerschlagenden wissenschaftlichen Untersuchung, das blosse Anschauen dauert da nur ganz kurze Zeit. Lediglich das uneigennützige Interesse an einem Dinge macht sein blosses Anschauen zu etwas Anziehendem und Befriedigendem, das uneigennützige Interesse an einem Dinge bewirkt, dass man mit seiner Betrachtung zufrieden ist und nichts Weiteres von ihm begehrt, und es hat diese Wirkung immer und überall. Wie sollte es auch anders sein? Dasjenige, wofür ich uneigennütziges Interesse habe, ist mir nicht gleichgültig, ich will Etwas von ihm haben; aber ich will nur seine Gegenwart haben, ich will es blos sehen, weil ich es ja nicht für mich verwenden will. Ich begehre nichts von ihm für meinen Nutzen, aber ich will es doch kontemplativ besitzen, ich will, dass es mir sich nicht entziehe, sondern sich mir zeige. Ich kann dasjenige, wofür ich ein uneigennütziges Interesse hege, mir blos im Geiste vorstellen, ohne es jetzt eben wirklich zu sehen; aber schon die Thatsache, dass z. B. ein Berg, dessen Erscheinung mir Interesse für ihn einflösste, mir, wenn ich ihn nicht mehr sehe, vor die Vorstellungs- oder Einbildungskraft tritt und dass ich öfter wieder an ihn zurückdenke, schon diese Thatsache beweist, dass die Seele das, was ihr Interesse einflösste, vor sich haben will, wenn auch nur in innerlichem Anschauen. Und ebenso gewiss ist andererseits diess: ein solches blos innerliches Schauen genügt der Seele nicht, sie will das Ding bald wieder in leibhafter Gegenwart vor sich haben, sie sehnt sich nach der Anschauung zurück, welche sie einst hatte, und sie freut sich, wenn ihr eine solche wiederum zu Teil wird, falls nicht allzu oft wiederholtes Sehen ihr diesen einzelnen Gegenstand für eine Zeit lang „entleidet" (S. 8). Auch was wir noch nicht gesehen haben, aber etwa von einem Andern schildern hören, z. B. eine Gegend, erweckt in uns, falls die Schilderung uns anzog, den unwiderstehlichen Trieb nach wirklicher Anschauung derselben. „In der menschlichen Natur", sagt Goethe, „liegt ein heftiges Verlangen, zu Allem, was wir sehen, Worte zu finden, und fast noch lebhafter ist die Begierde, Dasjenige mit Augen zu sehen, was wir beschreiben hören", und Dasjenige — können wir beifugen - mit eigenem Ohr anzuhören, was wir blos von einem Andern schildern gehört, z. B. eigentümliche Geräusche, Stimmen, ganze Tonwerke u. s. w. Betrachtet man diese „Begierde" genauer, so liegen ihr z w ei M o t i v e zu Grunde. Man will erstens den Gegenstand, der unser Interesse gewann, nicht in der Ferne, sondern in nächster Nähe haben; was mir nahe ist, ist schon mehr m e i n, als was durch grosse Raum- und Zeitweiten von mir getrennt ist; Ferne ist Abgeschiedensein vom Gegenstande, Nähe ist Vereintsein mit ihm, persönliche Beziehung, unmittelbarer „Rapport" zu ihm. Eine zweite Ursache ist die: nur die Nähe oder das unmittelbare Sehen gibt den Gegenstand seiner Erscheinung nach ganz und voll, nur das unmittelbare Schauen gibt ihn uns in seiner Form, in seiner Grösse, in seiner Farbe, in seiner Bewegung, in seinem Tönen, in seiner sonstigen Gestaltung so hell und klar wieder, wie wir es vermöge unseres Interesses an ihm begehren, oder nur unmittelbares Sehen gibt den Gegenstand wieder in Gestalt der Anschaulichkeit. Das blos innerliche Schauen ist zu unbestimmt, die blos innere Vorstellung zu schwankend und zu nebelhaft; nur das uns leibhaftig Erscheinende hat das fest umschriebene, das scharf ausgeprägte Erscheinen, das wir verlangen. Allerdings gibt es auch eine innere Vorstellung, welche unsrem Bedürfnis nach Anschaulichkeit entgegenkommt. . Es ist diess z. B. diejenige Vorstellung, welche uns der Dichter von einem Gegenstande in der Art und Weise gibt, dass sie in möglichster Klarheit unserer Einbildungskraft entgegentritt. Aber zu dieser Anschaulichkeit, welche der Dichter erreicht, wirkt bereits etwas Anschauliches mit, das Wort, mit welchem er Das ausdrückt, was er sagen will, und auch sonstige anschauliche Züge, wie z. B. Vergleichungen aus Natur und Leben, durch welche er Dem, was er sagt, möglichste Anschaulichkeit verleiht, müssen dazu mitwirken, oder: auch der Dichter arbeitet ganz und gar auf Anschaulichkeit hin (soweit die Dichtkunst dieser fähig ist), auch er gibt nicht nebulose, sondern fest umschriebene Vorstellungen. D a s ist ä s t h e t i s c h e s V e r h a l t e n z u e i n e m G e g e n s t a n d e : i h n h a b e n w o l l e n i n a n s c h a u l i c h e r E r s c h e i n u n g (sei's für das Auge oder für das Ohr oder für das innere Sehen mit der Einbildungskraft).

Indess: nicht blos das Schauen der Gegenstände selbst ist es, was unser Interesse an ihnen begehrt, sondern auch B i l d e r v o n Gegenständen, welche dasselbe auf sich zogen, und zwar selbstverständlich möglichst anschauliche Bilder, sehen wir gerne und suchen sie zu erlangen. Nichts ist im ästhetischen Gebiet von umfassenderer Bedeutung als das Bild; das Bild von Etwas erfreut uns schon in der Wirklichkeit, und aus der Freude am Bild ist der weitaus grösste Teil der Kunst entstanden. Das Bild, sei es eine farbige oder eine tönende oder eine bewegte oder eine in (anschaulichem) Wort gegebene Abbildung eines Dinges, ersetzt uns die reale Anschauung, welche wir nicht immer haben können, bis zu sehr hohem Grade; das Bild gibt uns den Gegenstand so weit, als er uns gegeben werden kann, ohne ihn selber in Wirklichkeit vor uns zu haben. Das Bild kann insbesondere dazu dienen, mir den Gegenstand näher zu bringen (S. 24); das Bild kann so gemacht werden, dass ich in und mit ihm den Gegenstand ganz vor mir haben, ihn immer und immer wieder besehen, ja ihn „in die Tasche stecken", ihn stets mit mir führen kann (z. B. eine Photographie), während die Gegenstände selber nicht immer so in der Nähe zu haben und in die Hand zu nehmen sind. Das Bild ist desgleichen von grosser Wichtigkeit dadurch, dass es umfassende Gegenstände ins Enge zieht und so eine übersichtlich anschauliche Vorstellung von ihnen gewährt, so z. B. das Gemälde einer Schlacht, die Erzählung einer langen und verwickelten Geschichte, welche letztere in Wirklichkeit mitanzusehen oft eine reine Unmöglichkeit wäre. Auch noch nach einer andern Seite erleichtert und verstärkt das Bild die anschauliche Betrachtung eines Gegenstands; denn das Bild z. B. einer Landschaft oder einer Person isoliert den Gegenstand, es nimmt ihn heraus aus der Masse sonstiger Dinge, mit welchen er in der Wirklichkeit zusammen ist, und ich kann ihn somit unbehelligt durch Anderes, somit ruhiger, und abgegrenzt von Anderem, somit deutlicher schauen. Ausserdem dient das Bild auch dazu, Entschwundenes für die Anschauung festzuhalten, als ob es noch, und Erfundenes, Erdachtes, von der Phantasie Geschaffenes der Anschauung so lebendig vorzuführen, als ob es wirklich gegenwärtig wäre. Kurz: das Bild kommt dem Streben nach Anschauung Dessen, was uns interessiert, in aller Weise zu Hilfe, und Freude am Bild ist daher ein Hauptstück alles ästhetischen Verhaltens; Bilder will der Mensch haben von Allem, was ist und was vorgestellt werden kann.

Das Interesse für die Dinge und ihre Formen bewirkt, wie wir im Bisherigen gesehen, dass das Anschauen derselben für uns mit einem Gefühl der Anziehung, der Befriedigung, der Lust verbunden ist. Aber zu der Lust am Schauen der

Dinge und ihrer Formen kommt noch hinzu Lust am Schauen selbst, abgesehen von allem Interesse an denjenigen Gegenständen, auf welche dieses Schauen sich richtet. Der Mensch ist in erster Linie darauf angewiesen, zu handeln, d. h. für die Bedürfnisse seiner selbst oder Anderer zu sorgen und ebenso den sonstigen praktischen Aufgaben zu genügen, welche das Leben an ihn stellt, und er ist auch so organisiert, dass er am Handeln Freude hat, Handeln seine Lust ist. Der Mensch ist desgleichen dazu geschaffen und berufen, sich selbst und die Welt zu erkennen. Er ist von Natur intelligentes Wesen, er kann und soll intelligent handeln und seine Intelligenz mehr und mehr ausbilden; er wäre nicht Mensch, wenn er anders als nach vernünftiger Einsicht thätig sein wollte, da eben diess den Menschen vom Tiere unterscheidet, und er hat so viel Begabung und Trieb zum Erkennen, dass er auch über alle praktischen Zwecke hinaus die Welt mehr und mehr in den Bereich seines Erkennens zu ziehen sucht, er hat den Wissensdrang, der ihn unaufhörlich beschäftigt und ihn stets weiter schreiten heisst, und mit diesem Wissensdrang hat er auch die Wissenslust, die Freude am Wissen, die Begeisterung für dasselbe.

Aber blos handeln und erkennen, immer entweder handeln oder erkennen, Das kann und will der Mensch denn doch nicht. Beide Thätigkeiten, das Handeln und das Erkennen, spannen ab und erschöpfen die Kraft, und sie können auch viel Schweres und viel Unangenehmes mit sich führen; weder dem handelnden noch dem erkennenden Leben fehlt es an Schwierigkeiten und Kämpfen aller Art, so sehr, dass gerade solche Mühen zum grössten Teil den Inhalt unsres ganzen Menschendaseins ausmachen; ebendarum ist auch die Freudigkeit des Handelns und des Erkennens nicht immer dieselbe und geht hin und wieder aus und verloren. Der Mensch bedarf und begehrt daher neben dem Handeln und Erkennen noch etwas Weiteres, wozu ihn ohnediess schon ganz von selbst seine Natur gleichfalls reizt und treibt: er bedarf Ruhe und Erholung von der gethanen, er bedarf Erfrischung und Stärkung zu neuer Arbeit; er bedarf Zerstreuung und Unterhaltung behufs Hebung der Abspannung, er bedarf Aufheiterung behufs Erhaltung oder Herstellung guter Stimmung, und er ist nicht gleichgültig gegen das Vergnügen, welches teils gewisse Thätigkeiten, wie freie Bewegung in Luft und Wasser, freies Sichtummeln in Wald und Feld, Spiel und Scherz, teils das Sichzugemütheführen gewisser Annehmlichkeiten, wie z. B. das Kosten wohlbekommender Nahrungsmittel, das Ein-

athmen erregender stärkender und behagender Gerüche, das Teilnehmen an
behaglicher „Gesprächeslust", ihm gewähren. Kurz: der Mensch bedarf und
begehrt Genuss neben der Arbeit. In der That könnte es nun scheinen, der
Mensch habe daran genug, dass er eben diese Zwei hat, Arbeit einer-, Genuss
andrerseits; es könnte scheinen: was braucht man mehr als den Ernst der
Thätigkeit und dazu so viel Besitz des Angenehmen, als nötig ist, um gern zu
leben und Kraft und Lust zur Thätigkeit stets aufs Neue zu gewinnen? Namentlich unter der Voraussetzung, dass es an der geistigsittlichen Veredlung
und Läuterung des Thuns sowohl als des Geniessens und auch an derjenigen
Glückseligkeit im Äussern der Existenz nicht fehlt, welche durch sittliche Le-
bensführung gewonnen werden kann, was bedarf es da weiter? Leben nicht
Viele ganz zufrieden eben in diesem regelmässig wechselnden Hinundhergehen
zwischen der Arbeit und derjenigen Erholung und sonstigen Erquickung, die
der Eine so, der Andere anders sucht und sich verschaffen kann? Allein es
verhält sich mit diesen Dingen doch nicht so, wie es auf den ersten Anblick
scheinen könnte. Das Geniessen reicht nicht dazu hin, neben und mit dem
Thun alle Bedürfnisse unsres Wesens zu befriedigen. Der Mensch ist noch
einer andern Lust als der am Genusse fähig, nämlich der Lust des Schauens,
und er schöpft aus diesem gar Vieles, was ihm das Geniessen nicht gewähren
kann.

Das „Schauen" ist entweder ein Schauen in die wirkliche Welt hinein,
wie z. B. das Hinausblicken in die Landschaft, auf das Meer, auf Tiere oder
Menschen, die da auf der Strasse oder sonst an uns vorübergehen, oder besteht es darin, dass die Einbildungskraft sich ergeht in der Erinnerung an Geschichten aus dem Gebiet des Unwirklichen, in Erdichtungen und Fabeln, oder
etwa auch in selbst producierten Sachen dieser Art, wie z. B. eine poetische
Begabung oder auch eine zu Erfindungen aufgelegte gute Laune sie hervorbringt (S. 10). In beiden Fällen besteht das Eigentümliche des Schauens
einmal darin, dass wir angeregt, somit aus Langeweile herausgerissen oder
unterhalten, und dass wir beschäftigt, in Thätigkeit versetzt sind, aber es
sind in müheloser und freier Weise, ohne die Anstrengung, ohne die
Qual und Pein der ernstlichen diesen oder jenen Zweck verfolgenden Arbeit.
„Unterhalten" können wir uns auch anders, durch Turnen, Jagen, Reiten oder
durch Reden mit Andern; aber bei all dem ist doch „Arbeit", Anstrengung,
und wäre es auch nur die Anstrengung, welche im Gespräch uns auferlegt

4 *

wird durch die notwendige Aufmerksamkeit auf das Reden der Andern oder durch das Bestreben das zufällig einmal stockende Gespräch im Gange zu erhalten oder ferner durch das Sinnen auf passende Antworten oder endlich durch die Pflicht, dem Andern nicht ins Wort zu fallen, sondern die eigene Redelust zurückzuhalten, auch etwa den Andern nicht durch unvorsichtiges Herausplatzen mit etwas Verfänglichem zu verletzen und dgl. Es gibt allerdings viele Dinge, deren Anschauung auch manche Mühe macht; eine sehr grosse und sehr mannigfaltig gestaltete Gegend, die mir plötzlich vor Augen tritt, überschaue ich nicht mit Einem Blicke, ich muss mich erst in ihr orientieren; ebenso habe ich vielleicht einem Gemälde viel Mühe zuzuwenden, bis ich mich in ihm vollständig zurechtfinde; einer Musik, einem Schauspiel muss ich oft geradezu mit grosser Anstrengung folgen. Aber es ist in allen diesen Fällen nicht die Anstrengung der Arbeit, welche einen bestimmten Zweck unbedingt erreichen, z. B. unbedingt Etwas fertig machen oder Etwas herausbringen möchte: es ist vielmehr eine Anstrengung, die ich gern auf mich nehme, weil ich sehe, dass die Sache nun eben so gross und mannigfaltig ist, dass ich mir einige Zeit nehmen und dass ich einige Aufmerksamkeit dranwenden muss, um sie wirklich so wie sie ist zu „erschauen"; es ist ferner eine Anstrengung, deren Mühe sich rasch belohnt, weil, sobald der Überblick gewonnen ist, nichts Weiteres mehr zu thun ist; und es ist zudem eine Anstrengung, die ich, falls sie mir zu viel wäre, gar nicht auf mich nehme, indem ich eben auf das Schauen eines zu verwickelten Gegenstandes verzichte, eine Anstrengung somit, die ich ganz frei auf mich nehme, und bei der ich das Gefühl voller Freiheit habe. Also: das Schauen ist mühelose und freie Unterhaltung; deswegen ist Lust, Wohlgefühl mit ihm verbunden. Ebenso ist es eine mühelose und freie Beschäftigung oder Thätigkeit. Ich bin thätig, denn ich sehe ja auf die Berge dort drüben hin, ich sehe den Hunden, den Menschen auf der Strasse zu, ich höre auf die Musik und das Schauspiel, ich sinne den Geschichten nach, welche in meiner Einbildungskraft aufsteigen oder von der eines Andern mir vorerzählt werden. Weil ich somit thätig bin, bin ich gehoben, wie ich es immer bin, wenn ich mich beschäftige, ich fühle mich lebendig angeregt oder ich habe die „Lust" der Thätigkeit (S. 26). Aber ich habe diese Lust hier rein, weil die mit andrer Thätigkeit d. h. mit der Arbeit sich verbindende Unlust mir fern ist, ich habe die Lust der Thätigkeit und d i e der Mühelosigkeit und der vollen Freiheit d a z u. F r e i ist aber das Schauen auch noch nach einer andern Seite. Ich muss allerdings, um Desjenigen, was ich sehen oder hören will, ganz und voll inne zu werden, es auf mich wirken lassen, mich mit Aug und Ohr und Sinn ihm hin-, ihm gefangen geben, mich ganz darein versenken und verlieren, daher es geschehen kann, dass ich alles Andere über ihm vergesse und von ihm „verzückt" wie abwesend bin von der Welt. Aber in dieser Hingebung an den Gegenstand bin ich völlig frei; denn sie ist nur eine Hingebung an das Anschauen desselben, sie ist blosses Bleiben meines Geistes im Zustande des Schauens, während bei aktivem Genuss, wie Reiten, Jagen, Schwimmen, ich durch Kraft und Zwang des Willens meine körperlichen Organe zu steter Aktivität antreiben und in ihr erhalten, bei passivern Genüssen, wie Essen und Trinken, ich gleichfalls stets ansetzen und darin fortfahren muss, um das Behagende mir zu assimiliren. Eben damit ist das Schauen auch eine wesentlich r u h i g e Thätigkeit, die mich nicht, wie so viele Genüsse es thun können, aus dem Gleichgewichte bringt; selbst wenn ein Gegenstand, den ich schaue, mich begeistert und entzückt, ist diess ein ganz anderer Zustand, als die Aufregung und Erhitzung, welche mit dem Geniessen sich so oft und viel verbindet; ich fühle mich gehoben, ohne in meinem Befinden alterirt zu sein, ich habe das zweifache Glück, das des ruhigen Verweilens meines Geistes im besonnenen Hinschauen auf den Gegenstand, der sich vor mir aufthut, und das der Freude, welche er in mir hervorruft. Ein Geniessen im weitesten Sinne dieses Worts ist das Schauen freilich auch; aber es ist — auch das hat es vor andern Genüssen voraus —, weil es uneigennützig ist, ein e d l e r e s Geniessen, als die meisten andern Vergnügungen, und es führt eben hiemit auch ein Gefühl höherer Befriedigung mit sich als diese, es ist ein Geniessen, dessen man sich z. B. nicht als einer „Schwachheit" schämt, ausser etwa dann, wenn man es gar zu oft und lange treibt, so dass man andere Aufgaben des Lebens darüber vernachlässigt und sich diess selbst gestehen muss. Endlich ist das Schauen ein Geniessen, das dem Geiste des Menschen Etwas giebt, ihm G e h a l t zuführt, ihn bereichert, was sonst fast nur bei dem Vergnügen des Gesprächs und auch da nicht immer eintritt; vom Schauen der Dinge gehen wir nicht leer, sondern erfüllt mit Anregendem und Belehrendem hinweg; unsere Phantasie, unser Gemüt, unsre Intelligenz haben gelernt und gewonnen, unser Gesichtskreis ist weiter geworden. Auch nach dieser Seite ist das Geniessen im gewöhnlichen

Sinne das Niederere, das Gemeinere, das ästhetische Geniessen das Höhere und Fürnehmere.

Das Bisherige hat ergeben: nicht blos das Interesse, welches die Dinge und ihre Formen uns einflössen, treibt uns zum Anschauen derselben; sondern auch das Anschauen als solches ist uns ein Bedürfnis und gewährt uns eine hohe Befriedigung. Die Freude am Schauen fliesst somit aus zwei Quellen: aus der Anziehung, welche das, was wir sehen (die Dinge mit ihren Formen), auf uns ausübt, und aus unsrer eigenen Natur, sofern sie das Bedürfnis hat, sich nicht blos thätig und geniessend (im „gemeineren" Sinne), sondern auch rein anschauend zu verhalten.

Dieser Satz, dass das ästhetische Verhalten zwei Quellen entspringt, könnte auffallen; die Sache ist aber ganz einfach und natürlich. Auch im übrigen Leben ist es so. Wir handeln z. B. nicht blos, weil wir getrieben sind nach diesem oder jenem bestimmten Dinge zu streben, oder weil wir genöthigt oder verpflichtet sind, Dieses oder Jenes zu thun; wir handeln vielmehr auch deswegen, weil wir innerlich getrieben sind, nicht unthätig zu sein, sondern unsre Anlagen und Kräfte in Aktivität zu setzen, mit unsern Mitteln Etwas anzufangen. Wir streben nach Erkenntnis nicht blos, weil diese oder jene bestimmten Dinge unsre Wissbegierde reizen, sondern auch aus Wissbegierde selbst, aus innerem Triebe nach dem Wissen. Sogar beim Geniessen ist etwas Ähnliches der Fall. Man geniesst nicht blos, weil diese oder jene Art von Vergnügen uns lockt, sondern auch, weil man von Zeit zu Zeit das innere Bedürfnis hat, die Arbeit abzubrechen und der Erholung, der Zerstreuung, der Ergötzung „Stunden, Tage, Wochen zu widmen". Die „Dinge" treiben uns zu diesem oder jenem Thun, aber nicht sie allein; alles Thun, sei es Handeln, sei es Erkennen, sei es dem Geniessen sich Zuwenden, kommt auch aus uns selbst. Es kommt nicht „blos aus uns"; denn wir sind nicht allein, sondern in der Welt, und wir sind so angelegt, dass die Welt auf uns allerwärts her einwirkt und uns somit zum mannigfachsten Thun bestimmt. Es kommt aber auch nicht blos von den Dingen; denn wir haben innerhalb der Welt unsre eigene (menschliche) Natur, welche uns zu mannigfaltigem Thun befähigt und treibt auch ohne dass die Welt auf uns wirkt. Die beiderseitigen Antriebe, die von den Dingen und die von unsrer Natur her, können recht gut zusammentreffen und mit einander zugleich ihre Befriedigung finden; ich lerne z. B. Weltgeschichte aus Wissbegier und aus

Interesse für die Entwicklung der Menschheit zugleich (obwohl in der Kindheit das erstere, später das zweite Motiv das vorherrschend treibende ist); ich handle um zu handeln und um einen bestimmten Zweck zu erreichen; ich schaue die Berge dort drüben an, weil ich eben jetzt überhaupt auf das Sehen in die Welt ausgehe, oder auch zugleich, weil dieselben mich eben jetzt spezifisch anziehen. Ja: beide Antriebe müssen sich zusammenfinden und gleiche Wege gehen. Wenn ich handeln will um zu handeln oder um meinen Thätigkeitsdrang zu befriedigen, so muss ich mein Handeln auf etwas Bestimmtes in der Welt richten, ich kann nicht „ins Blaue hinein" thätig sein, ich muss Etwas ergreifen. Umgekehrt: wenn ich blos handle, weil gewisse Dinge in der Welt mich dazu nöthigen oder reizen, so wird der Eifer und die Spannkraft des Handelns bald abnehmen und endlich ausgehen; dauernd und beharrlich kann man in der Welt nur handeln, wenn man nicht blos handelt, weil man muss, sondern auch weil man will, d. h. aus eigener Liebe zur Thätigkeit. Mit dem Wissen ist es dasselbe: um zu erkennen, muss ich etwas Bestimmtes erkennen, statt blos ins Leere hinaus zu forschen; um im Erkennen stets zu beharren und fortzuschreiten, muss ich Erkenntnistrieb haben. Und so ist es nun auch beim Schauen oder beim ästhetischen Verhalten: um zu schauen muss ich Etwas schauen, also auf Dinge sehen, sei's auf wirkliche oder auf solche, die dem Reich der Einbildungskraft angehören (S. 9); um gegen das Schauen der Dinge nicht gleichgültig zu werden, um z. B. weder durch den Ernst der Arbeit dagegen verschlossen noch durch das Behagen des Genusses dagegen abgestumpft zu werden, sondern immer wieder zu ihm zurückzukehren, muss ich Trieb zum Schauen, innere Freude daran haben.

Die Freude am Schauen oder das ästhetische Interesse ist, wie diess die so oft mit Unrecht geschmähte Schauenslust der Menschen beweist, unbegrenzt, nie zu ersättigen; auch Das hat seine Ursache darin, dass es aus einem angeborenen und daher bleibenden, stets neu erwachenden Bedürfnis unsrer Natur hervorgeht.

Für die Gestaltung des ästhetischen Verhaltens ist dieser Umstand, dass nicht blos die Dinge uns zum Schauen nach ihnen treiben, sondern auch eigener Schauensdrang, von grosser Wichtigkeit. Das Interesse an den Dingen und ihren Formen würde uns vielleicht blos dazu führen, hin und wieder Diess und Jenes, was uns zufällig gerade jetzt anzieht, zu betrachten. Da aber das ästhetische Anschauen ein eigenes und bleibendes, ja ein ins Unendliche und Unbegrenzte strebendes Bedürfnis unsrer Menschennatur ist, so kommt es überall, wo es an Sinn für Ausbildung und Pflege alles Menschlichen nicht fehlt, dahin, dass dasselbe eine besondere Angelegenheit für die Menschheit und die menschliche Gesellschaft, dass es besonders kultiviert und betrieben, dass ihm, sei's von Einzelnen, sei's auch von der Gesammtheit eigene Zeit und eigene Vorsorge gewidmet wird, wie diess z. B. durch „Anlagen" für Anschauung der Natur, weiterhin durch die Pflege der Kunst geschieht. Das Ästhetische wird so ein besonderer selbstständiger Zweig an dem grossen Baume des Menschenlebens, es wird ein eigenes Gebiet, es wird ein wesentlicher Bestandteil des Komplexes menschlicher Bestrebungen und Beschäftigungen. Zu dieser Verselbstständigung des ästhetischen Lebens trägt allerdings auch noch etwas Anderes bei, das Interesse für das Schöne und die Macht desselben über Sinn und Geist, wovon demnächst die Rede sein wird; aber in erster Linie ist es die Freude am Schauen überhaupt, was den Ausgangspunkt dafür bildet.

Wie das ästhetische Interesse unbegrenzt ist, so ist es auch allumfassend: es ist gerichtet auf Alles und Jedes, was entweder die Welt der Wirklichkeit oder die der Phantasie uns in anschaulicher Erscheinung darbietet (S. 6 ff.).

Aber: das ästhetische Interesse ist nicht für Alles das gleiche.

Schon früher ist gefunden worden: nicht Alles hat für alle Individuen gleich grosses Interesse. Derselbe Gegenstand kann diesem anziehend, jenem gleichgultig sein (S. 5); das Interesse für einen Gegenstand kann erlahmen durch zu langes und oftmaliges Sehen desselben (S. 8); es kann andrerseits verstärkt werden dadurch, dass ein Gegenstand diesem oder jenem Menschen ein wohlbekannter und dadurch ihn anheimelnder ist; ausserdem kann Vieles ein besonders hohes Interesse dadurch erregen, dass es uns sehr nahe angeht, für uns besonders wichtig ist, wie z. B. Wohl und Wehe, Glück und Unglück der Menschheit (S. 7).

Und: wie das ästhetische Interesse schon an sich selbst nicht für Alles das gleiche ist, so sind im ästhetischen Gebiete auch noch weitere Eindrücke der Dinge auf uns, als der des blossen Interesses an ihnen, massgebend, nämlich erstens die Annehm-

lichkeit und Unannehmlichkeit, welche die Dinge, und zweitens die
Wohlgefälligkeit und Missfälligkeit, welche die Formen der Dinge
für uns haben. Genauer: unser ästhetisches Verhalten gegenüber den so mancherlei Gegenständen, mit welchen es zu thun hat, wird dadurch ein sehr verschiedenes,
dass es Dinge gibt, welche dem Menschen durch ihre Beschaffenheit und ihre
Einwirkung auf ihn angenehm, andere, welche ihm unangenehm sind,
und nicht minder dadurch, dass nicht alle Formen, welche an den Dingen
erscheinen, uns gleich gefallen, sondern die einen Wohlgefallen, die andern
Missfallen erregen. Interessant kann irgendwo und irgendwem Alles sein und
ist durchschnittlich das Meiste Dessen, was zur Welt der Wirklichkeit oder
zu der der Phantasie gehört; aber nicht Alles ruft gleiche Empfindungen
im Menschen hervor: nicht Alles ist dem Menschen, sofern er empfindendes Wesen ist, angenehm und daher auch nicht Alles Gegenstand gleich
grosser Lust des Schauens, da Dasjenige, was unangenehm ist, auch weniger
gern gesehen wird, als was angenehm ist. Interessant ist jede Form; aber
nicht alle Formen rufen eine Empfindung oder ein Gefühl des
Wohlgefallens hervor, und daher sind auch nicht alle Gegenstand gleich
grosser Lust des Schauens, da, was missfällt, weniger gern gesehen wird, als
was gefällt. Innerhalb des Angenehmen und Unangenehmen und innerhalb
des Gefallenden und Missfallenden sind gleichfalls Unterschiede: nicht alles
Angenehme ist gleich angenehm, nicht alles Unangenehme ist
gleich unangenehm, nicht alles Gefallende gefällt gleich gut,
nicht alles Missfallende gleich schlecht. Oder: es handelt sich im
ästhetischen Gebiete nicht blos um unser Interesse an den Dingen und ihren
Formen, sondern auch um die Gefühle, welche sie in uns erregen; sie
wirken nicht blos auf unser Interesse, sondern auch auf unser Empfinden,
und dieses Empfinden ist von durchgreifender Wichtigkeit für unser ästhetisches
Verhalten zu Allem, womit wir irgend in Berührung kommen.

Wir betrachten zuerst das Gebiet des Angenehmen und Unangenehmen.

Dass für den Menschen die Dinge sich teilen in angenehme und unangenehme, ist eine Thatsache, welche keine Nachweisung bedarf. Der
Mensch ist nicht blos dazu angethan, für die Gegenstände, welche er kennen
lernt, sich zu interessieren und in Folge hievon Lust an ihrem Anschauen

zu haben; sondern er ist eines viel bestimmtern Eindrucks der Dinge auf ihn fähig, des Eindrucks ihrer Annehmlichkeit oder Unannehmlichkeit auf ihn als empfindendes oder fühlendes Wesen: dasjenige Ding, welches auf das Empfinden oder Fühlen des Menschen so wirkt, dass diese Einwirkung in ihm eine Empfindung der Lust erweckt, ist ihm angenehm, das gegenteilige ist ihm unangenehm. Es kann mir Jemand durch seine Persönlichkeit sehr interessant und insofern das Betrachten dieser seiner Persönlichkeit sehr anziehend für mich sein, mir Lust gewähren; er kann mir aber noch mehr, er kann mir auch angenehm sein; und (was für den Unterschied von „Interesse" und „Annehmlichkeit" sehr wichtig und bezeichnend ist) er kann mir sehr unangenehm sein, so interessant er mir auch vorkommt, eine bekanntlich leider nicht seltene Thatsache. Zwischen angenehm und unangenehm liegen die neutralen „Mitteldinge", welche uns weder Lust noch Unlust bereiten, und weiterhin diejenigen Dinge, welche gemischte Empfindungen hervorrufen, oder welche teils angenehm sind, teils unangenehm.

Lust und Unlust, Annehmlichkeit und Unannehmlichkeit können sowol von sinnlicher, als von geistiger und gemütlicher Art sein.

Die Eindrücke sinnlicher Lust und Unlust sind teils solche, welche das Befinden des ganzen Menschen angehen, teils solche, welche bei den Empfindungen einzelner Sinnesorgane stattfinden.

Zu den erstgenannten gehören nach der Seite der Lust das Wohlgefühl, welches eintritt bei Allem, was durch seine physikalische Beschaffenheit erfrischend und stärkend auf uns wirkt, wie reine Luft, welche uns zuweht, kühles Wasser, welches uns umfängt; desgleichen das Wohlgefühl, welches eine uns zusagende Wärme in uns erregt. Dieses Wärmegefühl ist deswegen ein so besonders wohlthuendes, weil es das eigentliche Lebensgefühl für uns ist. Mit der Durchwärmung kehrt in den vor Kälte starrenden Körper Leben und Empfindung der Herstellung desselben zurück; volles Wohlbefinden empfinden wir nur dann, wenn Wärme unsern ganzen Körper gleichmässig durchströmt und so nirgends das Leben stockt; in warmen Räumen allein fühlen wir uns ganz heimisch, „ein selig Leben" geht durch „alle Glieder", und das gleiche Gefühl des Anheimelnden haben wir, wenn wir in Berührung sind mit Gegenständen, die sich warm anfühlen. Der Unlust dagegen gehört an das Missbehagen in dumpfer, schwüler, erstickender Atmosphäre, ebenso das in niederdrückender, erschlaffender, brennender, entsetzlich

aufregender, betäubender, „ertödtender" Hitze, und andrerseits das Frieren
vor Kälte, das uns mit Erstarrung bedroht und zudem einen schmerzlichen
Druck in den innern Organen des Körpers mit sich führt, wogegen zu der
Annehmlichkeit der Wärme auch das Gefühl der Leichtigkeit gehört, das
von der durch sie beförderten Transspiration erzeugt wird. Der Schauder bei
Umfluthung oder Besprengung durch eine Flüssigkeit ist angenehm, wenn er
kühlt, unangenehm, wenn er frieren macht. Er kann aber leicht unangenehm sein
auch noch aus zwei andern Ursachen. Das unerwartete Anunskommen
eines Sturzbades wirkt erschreckend, es bringt ausser Fassung oder regt doch
heftig auf, und es ruft in uns hervor ein Sträuben gegen das Gebracht-
werden in einen Zustand, den wir nicht gewöhnt und auf den wir nicht vor-
bereitet sind. Angenehmer sind die Eindrücke, welche allmälig, stetig,
sanft, schonend, gelinde an uns herankommen oder gar ganz unmerk-
lich und leise uns beschleichen, wie z. B. ein Lüftchen, das wir nur eben
verspüren, eine Kühlung bei langsamem Tauchen in ein nicht allzufrisches
Wasser. Für's Zweite wirkt unangenehm das Hereindringen einer
grossen Zahl von Eindrücken auf uns zu gleicher Zeit und in
rascher Folge, so beim Besprengtwerden durch einen vollen Spritzregen
von Tropfen, in Folge dessen eine Masse von prickelnden Hautempfindungen
an zahllosen Punkten fortwährend entsteht. Zu viele Eindrücke zumal und zu
viele in schneller Folge ertragen wir auch sonst nicht gut; sie regen uns
physisch auf, und wir können ihrer nicht Herr werden, weil sie überallher und
in ununterbrochener Raschheit an uns herankommen. Hier wie überall ist das
ruhig Wirkende oder, wenn Aufregung schon da war, sie wieder Beruhigende durchschnittlich das Angenehmere, weil es uns nicht aus dem
Gleichgewichte bringt. Dadurch ist jedoch nicht ausgeschlossen, dass aufregende Eindrücke auch wohlthun. Der Mensch will hie und da auch ein
verstärktes Lebensgefühl haben; das „Gleichgewicht" ist sein normaler, aber
nicht sein einzig befriedigender Zustand; er muss hie und da auch gepackt,
geschüttelt und gerüttelt werden, damit er nicht in phlegmatische Indolenz
gerathe, sondern die Lebensgeister von Zeit zu Zeit gehörig aufgeweckt und
in Thätigkeit versetzt werden. Daher stammt insbesondere das ungemeine
Wohlgefuhl, das mit den Körperbewegungen aller Art sich verbindet, und
zwar insbesondere mit der des Hüpfens, Springens und Tanzens; diese ist viel
müheloser und kann somit auch lebhafter ausgeführt werden als jede andere,

und sie erfüllt daher den Menschen mit dem unbedingtesten Wohlgefühl vollendet freien Sichregens und damit des Schwebens in einem Zustand erhöhter
Existenz, falls nicht Schwindel und endlich besinnungsloser Taumel in Folge
des Übermasses der Frohheit ein vorzeitiges Ende bereitet. Dem unendlichen
Wohlgefühl solcher Freiheit steht freilich aber auch sein Gegenteil gegenüber,
die traurige Unlust, welche die Hemmung freier Bewegung in ihrem
Gefolge hat. Das Ärgste ist: sich nicht regen können, sei es nun, weil Frost
die Glieder starr macht, oder weil Krankheit sie lähmt, oder weil Etwas von
aussen schwer auf uns drückt oder auch Etwas, das wir irgendwie fortbe-
wegen sollten oder möchten, wegen seiner Schwere von uns nicht aufgehoben,
nicht von der Stelle gerückt, nicht bewältigt werden kann, so dass der Mensch
in der Lage des Ochsen ist, der rath- und hilflos vor dem Berge steht. Schwere,
sei's innere, sei's von aussen kommende, ist nicht der Freund des Menschen;
wohl ist es ihm nur, wenn er (wie wir oben schon bei der Wärme sahen) sich
leicht fühlt oder mit leichten Gegenständen zu thun hat. Dieses Letztere
ist ganz besonders eine Freude des Menschen. Wie er sich selbst gern in die
Lüfte hebt und sich selbst gern im Kreise dreht und schwingt, so hat er sein
Vergnügen, wenn er Steine und Äpfel werfen und schleudern, wenn er Steine,
Äpfel und selbstgefertigte Kugeln rollen, Kegel niederstürzen, Wägelchen,
Kütschlein und Schlitten leicht ziehen oder schieben kann. Zunächst ist es
nur ein körperliches Gefühl wohlthuend ungehemmter Bewegung; dieses körper-
liche Wohlgefühl teilt sich aber zugleich der Seele mit, wie diess auch bei an-
dern Gefühlen sinnlicher Lust wie Unlust stattfindet. Weil Schwere etwas
Drückendes hat, kann sich ein ähnliches Unlustgefühl einstellen bei Allem, was
das Aussehen des Schwerseins hat, bei allem Massenhaften, Grossen,
Ausgedehnten, wogegen das Kleine angenehm, ja reizend ist durch seine
Leichtigkeit, die seinem Bewegen kein Hindernis entgegensetzt. Zeigt das
Kleine ein uns unerwartetes Gewicht, wie z. B. eine Bleikugel, so steigert sich
die Annehmlichkeit durch die Wahrnehmung, dass wir ein Schweres und
doch zugleich leicht Wiegendes in Händen haben.

Sowohl für den ganzen Menschen als insbesondere für die besondern Organe des Tastsinns ist Dasjenige angenehm, was nicht wehe, sondern wohl
thut, und was nicht stark widersteht, sondern nachgibt. In ersterer Beziehung
ist angenehm das Ebene, Plane, auf das man ohne „Wehe" sich stellen,
sitzen und legen, auf dem man ebenso (wenn es horizontal ist) Anderes be-

quem und sicher anbringen, hinundherrücken kann und dergleichen. Auch Unebenheit ist angenehm, wenn sie keine verletzenden Ecken und Spitzen hat, sondern g e b o g e n und g e r u n d e t ist, so dass sie sich uns s a n f t a nsch m i e g t; kleine runde Gegenstände, Steinkügelchen, Äpfel und dergleichen, sind insbesondere angenehm durch ihre H a n d l i c h k e i t, ·d. h. durch ihre ebenso behaglich schmiegsame als leichte Umfassbarkeit. Angenehm ist ferner Alles, was sich g l a t t, f e i n und z a r t anfühlt. Es verletzt nicht durch Reibung oder Friktion; es ritzt, zerrt und sticht nicht; es lässt uns ohne das leiseste Hindernis an seiner Oberfläche hingleiten; es übt nur einen s a n f t e n Druck, nur einen sanften Hautreiz aus; dieser kann sich allerdings zum K i t z e l steigern, er wirkt aber auch da noch angenehm, falls er nicht zu lange dauert oder zu intensiv und dadurch unerträglich wollüstig wird. Unangenehm dagegen ist das E c k i g e, S t a c h l i c h t e, S p i t z i g e, K a n t i g e, S c h a r f e, das da sticht, schneidet und zerfetzt, ebenso das R a u h e und das G r o b e, weil wir da beim Berühren geritzt, gerissen und gezerrt werden oder doch eine heftige Reibung verspüren. Und auch das Glatte wird unangenehm, wenn wir es nicht blos berühren, sondern auf ihm stehen, gehen, steigen sollen; geradezu zum Allerärgsten, was es überhaupt gibt, gehört glattes Paviment, Eis und sonstiger s c h l ü p f r i g r u t s c h i g e r Boden. Angenehm ist hinwiederum das W e i c h e. Es setzt unsrem Berühren keinen Widerstand entgegen, sondern es folgt ihm ganz leicht; es lässt sich drücken, modeln, kauen und verschlingen; es gibt dem Drücken schmiegsam willig nach; es übt je nach Umständen wohl auch einen Druck auf die Haut aus, aber dieser Druck, z. B. einer weichen Hand, ist ganz gelind und sanft. Das Weiche erregt daher die Empfindung, dass man Etwas zu fühlen bekommt und zwar Etwas von recht fühlbarer, recht lebendiger Wirkung auf unser Organ, aber nichts, wovor unser Organ zurückweichen, nichts, wogegen es sich sträuben müsste, sondern vielmehr Etwas, das unser Organ (unser Finger) gerade so willig auf sich wirken lässt, wie es (das Weiche) selber ihm willig folgt. Das Gefühl des Weichen ist somit (darin dem Wärmegefühl verwandt) das Gefühl einer durch nichts gestörten d. h. vollkommen h a r m o n i s c h e n Wechselwirkung zwischen dem Fühlenden und dem Gefühlten. Auch ist die Empfindung des Weichen frei von dem unangenehmen Gepresstwerden der empfindenden weichen Körperteile gegen die weiter innen gelegenen härtern Teile, namentlich gegen die Knochen, welches Gepresstwerden bei harter Berührung stattfindet. Das Weiche bringt somit ganz und gar keine Störung des Wohlbefindens hervor; sondern es gibt uns die reine Empfindung, fühlen zu dürfen ohne jegliche Störung des Fühlens, es erlaubt mit Genuss zu fühlen, es erregt das unendliche Behagen, in belebendem Kontakt mit einem Gegenstande zu sein und doch nur wohlthuend von ihm bewegt oder influiert zu werden; kurz: das Fühlen des Weichen ist das Fühlen auf der Potenz absoluten Wohlempfindens. Zum Weichen gehört in gewisser Beziehung auch wiederum das Flüssige; es ist überaus angenehm nicht blos durch seine etwaige Frische (S. 34), sondern zugleich durch seinen hohen Grad von Weichheit und damit teils von Gelindigkeit, teils von leichter Assimilirbarkeit („Trinkbarkeit"). Ganz besonders angenehm ist das Flüssige, wenn es zugleich bewegt ist, d. h. wenn es uns entweder umfliesst oder benetzt. Im erstern Falle ist angenehm die fortwährende sanfte Bespülung unsres Organs durch das leicht bewegliche Element, welche nur dann unangenehm zu werden beginnt, wenn grosse flüssige Massen rasch und daher drängend an uns heran oder schwer und daher drückend auf uns herab kommen (S. 35). Im zweiten Falle, wenn Regen uns besprengt, Tropfen eines Wasserfalles u. s. f. uns bespritzen, werden wir stärker afficiert, aber, wenn die Besprengung mässig ist, ganz besonders angenehm, da wir eine grosse Zahl sanfter Hauteindrücke zumal erhalten. Nicht angenehm dagegen, oft sehr unangenehm ist, ähnlich wie das Schwere, das Harte. Es widersteht unsrem Berühren, es gibt nicht nach; es lässt sich nicht kauen und schlürfen, es verweigert das Einswerden mit dem Gegenstande, das beim Weichen so angenehm wirkt; es kann geradezu wehthuend drücken und quetschen. Selbst wenn Etwas nicht besonders stark gehärtet, sondern blos spröde ist, haben wir es nicht gern; es lässt uns gleichgültig, weil es das Berühren abweist, weil es nicht, wie das Weiche einen Eindruck unsrerseits auf sich zugibt. Härte kann uns erst „geistig" etwas Angenehmes sein, sofern sie Festigkeit eines Gegenstandes ankündigt; diese ist angenehm, weil wir zu unendlich vielen Zwecken, wie z. B. schon zum Gehen und Stehen, feste Stoffe brauchen, oder auch weil Festigkeit uns ein Zeichen der Reife lebender Organismen ist, für die wir ein Interesse haben, so z. B. festes Holz, feste Rinde, feste Knochen. Widrig können nun freilich das Weiche und das Flüssige auch werden. Sie werden es dann, wenn sie die Gestalt klebrig sich anhängender oder breiig nicht von der Stelle zu bringender Materie haben, wie z. B. Morast und Sumpf, in welchem herum zu tappen oder sich zu wälzen mehr für Schweine,

Nashörner, Molche und Mistfinken als für Menschen ein Vergnügen zu sein pflegt. Im Gegensatz gegen gar zu viele und insbesondere gegen eine so schmierige Flüssigkeit, wie der Sumpf es ist, kann dann auch das Trockene, das an sich sehr indifferent ist, angenehm sein: es macht nicht unnötig nass; es ist ein Asyl, auf das man sich vor allzuviel Wasser flüchtet; es beschmutzt nicht, und es bietet eine sicherere Basis für Gehen und Stehen. Auch weiss man, was man am Trockenen hat: es täuscht nicht, wie das Nasse es deswegen oft thut, weil es glänzt und daher einen falschen Schimmer um sich verbreiten kann. Sehr angenehm ist das Elastische; es vereint in sich den Reiz leicht nachgebender Stoffe mit dem der Festigkeit, der Haltbarkeit, der Sicherheit, und es kann durch seine Dehn- und Spannbarkeit, durch Zurück- und Aufschnellen, durch Hüpfen und Steigen in die Höhe gar mannigfaltiges Vergnügen gewähren. Wieder anders angenehm ist das nur leicht Zusammengelegte, nur leicht Zusammenhaltende, das Faden- und Gespinnstartige, das Lockere, weil man es nach Belieben und mühelos aus einander falten, zerkrempeln, zerzausen und zerdrücken kann. Nur kurz sei hier noch vorläufig darauf hingewiesen, wie wichtig die hier zusammengestellten Eindrücke des Tastsinns höher hinauf, d. h. im gemütlichen Gebiete werden. Auch da gibt es des Eckigen, Scharfen, Spitzigen, Schneidenden, andrerseits des Sanften, Weichen, Zarten, freilich auch des widrig Glatten, Superfeinen und Schlüpfrigen, des widrig Kitzelnden und Prickelnden, des allzu Weichlichen, Sänftiglichen und Schmiegsamen, des ekelhaft Schmierigen und Breiigen, des langweilig Spröden und Trockenen, des verächtlich Leichten und Lockern genug, wogegen das Schneidige, das Harte, das Feste, das Schwere in höherer Region sehr beifallswert sein können.

Sehr reich an Eindrücken der Lust und Unlust und damit der Annehmlichkeit und Nichtannehmlichkeit ist das Reich des Geschmacksinnes. Wer kennt nicht die Eindrücke des wohl, des gesund und kräftig Schmeckenden, des meisterlich Behagenden, des unsäglich Reizenden, des würzig Pikanten, des lieblich Süssen, ebenso aber auch die des Ungeschmacken, Widerlichen, Ekeln und Abscheulichen, die des Faden und Schalen, und hinwiederum die des Überscharfen, des Sauren, des Herben, des Bittern, des Brennenden? In grosser Verwandtschaft mit den Geschmackseindrücken stehen die Eindrücke, welche wir durch den Geruch empfangen, und auch zu denen des Tastsinns haben sie vielfache Beziehungen. Wohlgeruch, Aroma, frischer, zarter, feiner und reiner Duft: was kann es Zusagenderes, Bezaubernderes, Berauschenderes, wollustvoll Übermannenderes geben? was kann erquicklicher, stärkender, was süsser anheimelnd auf uns wirken? was ist so paradiesisch? was gibt uns so das Vollgefühl des schlechthin „Reinen" und erhebt uns damit in höhere über Erdenschmutz und Erdenqualm hinausliegende ätherische Regionen? Übelgeruch dagegen, mephitischer Dunst, Verwesungs- und Moderduft, diess Alles bildet eine Summe des Abscheulichsten und Peinvollsten, das wir kennen, und und auch zu scharfe, zu beizende, sowie betäubende und bis zum Ekel übermässig süssliche Gerüche können an uns geraten und das höchste Missbehagen hervorbringen. Sehr unangenehm können Mischungen verschiedener Geschmacks- und Geruchseindrücke sein. Das Reine, Klare, Einfache ist hier das Beste, wenn auch Kochkunst und Spiritusbereitung es vielfach anders wollen. Entsetzlich ist namentlich ein bei Zersetzungen gewisser Stoffe entstehender Geruch, der eine pikante Schärfe mit süsslichem faulem Dunst verschmilzt, unter dem Namen „Fuselgeruch" leider auch höher hinauf, im ästhetischen Gebiet, sehr wohl bekannt. Ausgeschlossen ist durch das Gesagte nicht, dass es auch wohlbehagende Zusammensetzungen schmeck- und riechbarer Substanzen und Essenzen geben kann; auch im Gebiet des Angenehmen, wie überall, will der Mensch Mannigfaltigkeit, nicht blos Einerleiheit. Für den Geschmacksinn ist ausserdem charakteristisch, dass bei ihm Lust und Unlust individuell sehr verschieden sind; dem Einen schmeckt diess, dem Andern das; und auch nach Befinden und jeweiliger Stimmung unterliegen die Geschmacksempfindungen grossen Variationen und Modifikationen. Endlich liefert der Geschmacksinn auch noch einen Beitrag zum Weichflüssigen, das Schmelzende. Ein trockenes Sprödes oder Hartes, Eis, Zucker u. s. f., durch feuchte Wärme aufgeweicht, sich sanft auflösend und gelinde auf unsern Geschmacksorganen zergehend, kann ganz besondern Reiz mit sich führen, weil das sanfte Sichzerteilen des vorher Festen und sein sanftes Aufgesogenwerden den Empfindungsnerv so lebendig als mildiglich anregt, und weil zudem das Gefühl des widerstandlosen Überfliessens des Objekts in uns ein unbedingtes Wohlbehagen hervorruft.

Steigen wir nun auf zu den „oberen Sinnen", so ist unter diesen der des Gehöres ein ausserordentlich empfindlicher und an Eindrücken der Lust und Unlust ungemein reicher. Es gibt im Gebiet des Gehörsinns einerseits sehr viele Eindrücke, welche mit denen der niedern Sinne specifisch verwandt und gleichsam eine Wiederholung derselben in höherer Sphäre sind; es treten aber andrerseits hier auch ganz neue Eindrücke auf, welche einen reichen Kreis eigenthümlicher und eigenthümlich wirkender Erscheinungen umfassen. Der bekannteste Unterschied unter Gegenständen des Gehörsinns ist der zwischen starken und schwachen Geräuschen und Tönen. Die starken erfreuen durch ihre kräftig anregende Wirkung, sie erschrecken aber auch, wenn sie unerwartet kommen, wie andrerseits leise Töne etwas Unheimliches haben können durch ihre Undeutlichkeit, welche uns ungewiss lässt, was die Ursache des Geräusches sei. Starke Geräusche können aber auch einen qualvoll spannenden Schmerz im Organ hervorrufen, ja es geradezu zerstören, leise andererseits einen sanften zauberischen Reiz auf dasselbe ausüben. Weitere, an Eindrücke des Tast- und Geschmacksinns erinnernde Unterschiede sind die zwischen harten und weichen, rauhen und zarten, grob polternden und fein erklingenden, schmelzenden, süssen Tönen; die erstern vernehmen wir mit Unlust, die andern mit Lust; und ist das Gehör einigermassen ausgebildet, so kommen lustbringend die reinen und die unter einander harmonierenden, unlustbringend die unreinen und disharmonischen Töne hinzu. Angenehm sind dem Ohre ferner die hellen und klaren, die ruhigen und milden, unangenehm die dumpfen, hohlen und heulenden, die zerrenden, scharrenden, knarrenden, schnarrenden, die zu heftig stossenden, die quetschenden, knirschenden und ächzenden, die angreifend zitternden und bebenden, die zu scharfen und einschneidenden, andrerseits die schwankenden, ungewissen, undeutlichen Töne. Bald angenehm, bald unangenehm sind die Töne nach ihrer besondern Beschaffenheit oder Qualität (auch „Farbe" genannt), wie z. B. die Geräusche und Klänge, welche von Wasser und Luft, von Steinen und Metallen, von Tier- und Menschenstimmen herkommen. Eine bei nicht zu langer Dauer angenehme, bei längerer nervös aufregende Spannung bringt ein einziger gleichförmig anhaltender Ton hervor. Angenehm anregend wirkt öftere gleichmässige Wiederholung desselben Tons, weil in dem wiederholten Anschlagen schon eine Annäherung an Mannigfaltigkeit, an Abwechslung liegt. Noch mehr aber ergötzt Tonmannigfaltigkeit im völligen Sinne des Worts, wenn man z. B. im Walde zu gleicher Zeit verschiedene Vögelstimmen vernimmt, und Tonwechsel, wenn wir ebenda

6

hören, wie ein Ton sich stetig an den andern flicht und so eine Tonreihe oder Tonfolge, ein Gesang sich zu vernehmen gibt. Gar zu viele verschiedene gleichzeitig erklingende Töne geben freilich ein dem Ohre widriges Klanggemisch und Klanggewirr, und nicht minder unangenehm können teils zu rasche, teils zu sprunghafte Tonfolgen werden, weil das Ohr es schwer hat, ihnen nachzukommen und der „Linie", welche sie beschreiben, zu folgen. Je nach der individuellen akustischen Begabung, sowie nach der grössern oder kleinern Übung im Hören ist allerdings Leichtigkeit und Schwierigkeit der Tonauffassung und damit Lust und Unlust bei derselben ausserordentlich verschieden und wandelbar. Tonlosigkeit, Stille wirkt wohlthuend, sofern sie dem Organ eine von Zeit zu Zeit zum Bedürfnis werdende Abspannung und Ruhe gewährt. Sie kann aber auch verzweifelt langweilig, ja sie kann unheimlich werden, wenn sie plötzlich eintritt, oder wenn sie den Menschen z. B. in Einsamkeit oder in nächtigem Dunkel zu lange umgibt: die erstere wirkt (wie z. B. vor Ausbruch des Gewitters) drohend, die letztere beängstigend durch das Gefühl der Öde und Verlassenheit, das sie mit sich führt. Im Gegensatz hiezu kann dann das lauteste Tönen und Dröhnen, das stärkste Schallen, Knallen und Hallen erfreulich ergreifen; es kündigt uns meistenfalls lebende Wesen an, welche durch irgendwelche Thätigkeit Töne hervorbringen, und entreisst uns damit der Qual, allein in weiter Welt zu sein. Ausserdem macht sich im Gebiete des Gehörsinns, ähnlich wie in dem des Geschmacksinns, die Thatsache geltend, dass es eine grosse Verschiedenheit der Lust an Tönen und Klängen je nach der Individualität einzelner Menschen geben kann. Der eine liebt das Laute, den Lärm, das Rauschende, Sonore, der andre das Zarte, Feine, Süsse, Schmelzende, der eine das Ruhige, der andre das Tobende und Rasende, der eine das Einfache, der andre das Volle und Prächtige u. s. f.; oder: wie bei Speise und Trank, so kann auch im Reich der Töne jeder Mensch seinen eigenen Geschmack haben.

In Vielem verwandt mit den Eindrücken des Gehörs sind die des Gesichtsinns. Wohlthuend wirkt auf das Auge in erster Linie das Sehenkönnen und ebendamit das, was dieses ermöglicht, die Helligkeit, das Licht; nur darf seine Stärke einen gewissen Grad nicht überschreiten, da sonst die unangenehmen Eindrücke der Blendung, der Übertäubung durch übermässig aufreizenden Glanz, des Drohens der Ohnmacht in Folge derselben eintreten. Dunkelheit und Finsterniss sind unbehaglich, weil sie das Sehen verhindern; die erstere kann aber auch angenehm abspannend und beruhigend wirken, wie die Stille. Das Mittlere zwischen Helligkeit und Dunkelheit, das „Helldunkel", die Dämmerung, vereinigt die Wirkungen jener Beiden; sie regt im Gegensatz zur Finsterniss belebend an, und sie gibt doch zugleich ein wohlthuendes Gefühl der Ruhe gegenüber ermüdender oder geradezu wehthuender Lichthelle; daher gehört sie zu den allermeist zusagenden Erscheinungen, welche uns der Gesichtssinn zuführt. Widrig ist durch Staub, Dampf und Qualm getrübtes, angenehm reines, und abermals besonders anziehend durch Dunst und Duft gedämpftes, aber doch durch ihn hell durchscheinendes Licht. Ruhiges Licht ist unnennbar wohlthuend, da es durch seine Helligkeit die Lebensgeister anregt, durch seine Ruhe das Gefühl ungestörten Behagens über sie ausbreitet; bewegte, zitternde, hinundherwogende Lichterscheinungen können hohe Lust, aber auch angreifende Unruhe hervorrufen, und selbst unheimlich können sie wirken, wenn sie wie in der Flamme als drohende Naturgewalten erscheinen. Ein ähnlicher Gegensatz des Beruhigenden und Beunruhigenden ist aber schon bei Licht und Dunkel überhaupt vorhanden: das Licht regt nicht blos an, sondern es wirkt auch beruhigend, weil es uns die frohe Zuversicht gibt, uns zurechtfinden, uns vorsehen, uns da- oder dorthin bewegen zu können, von der Welt um uns her nicht abgeschlossen zu sein; Dunkelheit dagegen ist, wie Stille, unheimlich, bangenerregend, schrecklich, mit Gefahr jeder Art und trostloser Verlassenheit uns bedrohend. Dass bei dem Gehör- und dem Gesichtsinn schon nicht mehr blos organische oder sinnliche Eindrücke, sondern Eindrücke auf das Gemüt, wie die ebengenannten der frohen Zuversicht und der unheimlichen Bangigkeit, entstehen, ist natürlich, da diese beiden Sinne hauptsächlich diejenigen sind, welche uns in Verbindung mit der Aussenwelt setzen und uns von dem, was in ihr ist und vorgeht, unterrichten. Der Gesichtsinn empfängt aber auch noch andere Wahrnehmungen, die der Farben der Dinge, und auch mit diesen sind Gefühle der Lust und Unlust verbunden. Klare, reine, kräftige, sowie andrerseits zarte Färbungen sind angenehm, die gegenteiligen unangenehm; namentlich das Schmutzige ist ähnlich unangenehm wie das widrig Riechende, weil es an dieses, z. B. an Koth, erinnert. Ebenso wiederholen sich die Eindrücke des Hellen und Dunkeln bei der Farbe, da gerade sie in den mannigfaltigsten Graden von Erhelltheit und Verdunklung auftreten. Zu gleichartige Färbung wirkt ermüdend, zu bunte unangenehm aufregend. Dann wirken aber auch die einzelnen Farben sehr mannigfach auf das Organ und durch es hindurch auf das innere Empfinden; Rot z. B. macht einen vollanregenden, freudenhellen, reizvollen, aber auch einen aufregenden und angreifenden, Grün dagegen einen unendlich beruhigenden und sänftigenden, nur sanft reizenden Eindruck. Reizend wird die Farbe aber auch dadurch, dass sie kräftig beleuchtet ist; dieser Reiz kann z. B. bei durchsichtigen und bei glänzenden Stoffen sich bis zum Entzückenden steigern. Mittelst der verschiedenen Beleuchtungen und Färbungen der Dinge nimmt nun aber das Auge noch Weiteres an ihnen wahr, nämlich ihre Umrisse, ihre Linien und Züge, ihre körperliche Gestalt. Wohlthuend ist dieses Wahrnehmen für das Auge dann, wenn alle diese Formen so sind, dass es ihm leicht wird, sie zu verfolgen und zu übersehen, also wenn die Formen einfach und gleichmässig sind, z B. die gerade Linie, der Kreis, das regelmässige Dreieck oder Viereck. Weniger einfache Formen, wie z. B. die Wellen- und Schlangenlinie, die (aus kleinen Halbkreisen bestehende) Rosette, das Vieleck, haben den Reiz des anregend Mannigfaltigen, durch welches das Organ in lebhaftere Thätigkeit gesetzt wird; sie haben ihn aber nur, wenn die Gesamtform gleichmässig, wenn z. B. die Wellenlinie in gerader Richtung fortgehend, die Rosette kreisrund, das Vieleck regelmässig ist, da andernfalls das Verfolgen eine Unruhe für das Organ mit sich führt, welche nicht angenehm ist. Zusammengesetzte Formen, wie z. B. die eines Baumes mit Stamm, Ästen, Zweigen und Blättern oder die eines Tieres oder eines Menschen, sieht das Auge gleichfalls dann gern, wenn sie sich leicht zusammenfassen und übersehen lassen, wenn z. B. der Baum nicht gar zu viel kleine Zweige hat, das Tier kein Vielfüssler ist, und desgleichen, wenn die Gesamtform nicht zu unregelmässig, z. B. die Äste nicht gar zu eckig und verkrümmt, das Tier nicht unsymmetrisch gebaut ist, wie gewisse Bestien mit langen Hinter- und kurzen Vorderfüssen; den Gipfel des Widrigen bildet das Verschobene und Verzerrte durch seine Unübersichtlichkeit. Der Zahl nach liebt das Auge Vieles, falls es nicht zufällig bereits ermüdet ist; es will mehr und immer mehr, denn es will nicht ins Blaue schauen, sondern überallhin bestimmte Gestalten erblicken; doch gibt es auch hier ein schwer zu bewältigendes, peinigendes, verwirrendes Allzuviel; auf irgend welchem Raum, auf irgend welcher grösserer oder kleinerer Fläche, im Hof, auf Markt und Strasse, in einer Gegend, die wir erblicken, kann es so gesprenkelt und buntscheckig aussehen, dass das Auge es nicht ansehen mag. Auch die Lage, die Ordnung, in welcher Gegenstände sich uns darstellen, kann angenehm oder unangenehm wirken; angenehm wirkt, was sich leicht überschaulich an einander reiht, in einander schiebt, einander umschliesst (z. B. concentrische Kreise), unangenehm ist das Durcheinander, das regellose Hinundher, Daunddort, Kreuzundquer, das Verstreutsein aller möglichen Figuren, Flecke und Fetzen auf einer Fläche. Dem Umfang nach ist dem Auge das Kleine um seiner Übersichtlichkeit willen durchschnittlich reizender als das Grosse; je kleiner ein Ding ist, desto mehr sucht das Auge es festzuhalten; das Grosse ist, wie wir sehen werden, mehr für die Einbildungskraft als für das Sehorgan ein willkommener Gegenstand. Widrig kann freilich auch das Kleine werden, wenn es zu schwer erkennbar ist, wie z. B. alles Gekritzel, alle zu schmale und dünne oder gar durch Schärfe das Auge peinigende Schrift. Bewegung sicht das Auge gerne, weil es von ihr Anregung zum Verfolgen ihrer Richtung empfangt; allzulahme Bewegung jedoch langweilt, da es zwar vorwärts gehen zu wollen scheint, aber nichts recht vorwärts kommt, so dass das Auge in seinem Streben der Bewegung, die es sieht, zu folgen immer wieder gehemmt wird; allzurasche Bewegung dagegen verwirrt und lähmt die Sehthätigkeit in einer Weise, die sehr unangenehm wird, wenn sie bis zur Erregung von Schwindel sich steigert. Die Unterschiede des individuellen Geschmacks sind beim Auge nicht so gross, wie bei der Zunge und bei dem Ohre; doch fehlt es auch hier an solchen nicht. Der eine Mensch liebt mildes Licht, der andre liebt strahlende Helligkeit; dem einen ist Dammer- und Mondesschein angenehmer als das Leuchten der Mittagsonne; der eine liebt das Gelb als mejestätische Farbe, der andre hasst es als schreiend und prunkhaft, der eine hat Rot, der andre Grün zu seiner Leibfarbe; Goethe möchte das Blau entbehrlich machen können, Schiller zieht Lila andern Farben vor. Auch vorübergehende Stimmungen, Freude und Trauer, Frohmut und Melancholie u. s. f., sind von grossem Einfluss auf den Geschmack an Beleuchtungen und Färbungen.

Der Mensch hat nicht blos das Vermögen der Empfindung und Wahrnehmung durch seine Sinnorgane, sondern er hat auch Vorstellungsvermögen. Das heisst zunächst diess: der Mensch kann Das, was er empfunden und wahrgenommen hat, falls es nicht sofort seinem Gedächtnis wieder entschwunden ist, sich innerlich vorstellen, z. B. die Hitze oder Kälte, die er auf Reisen ausgestanden, oder ein Concert der Vögel im Walde, das er gehört, oder eine Gegend, die er von einem Berge aus gesehen hat. Mit dem

Vorstellungsvermögen beginnen bereits diejenigen Eindrucke der Dinge auf den Menschen, welche geistiger Art sind (S. 34). Um die Eindrücke, welche es mit dem Vorstellungsvermögen zu thun haben, gehörig zu überblicken, ist eine genauere Betrachtung dieser so weitschichtigen Seelenkraft nötig. Man spricht nämlich nicht blos von „Vorstellungsvermögen", sondern auch von „Einbildungskraft", „Phantasie" und noch Anderem; was ist damit gemeint? Es war von Einbildungskraft und Phantasie schon früher (S. 8 ff.) die Rede, aber nur erst, sofern sie in Beziehung stehen zum Interesse des Menschen für Dasjenige, was er in der Welt sieht und von ihr hört, und zu dem Streben dieses Interesses sich auch über das in der Welt Gegebene hinaus zu erweitern; jetzt müssen beide an sich selbst in Betracht gezogen werden.

So viel ist allgemein angenommen und schwerlich zu bestreiten: Das, was man Einbildungskraft nennt, gehört zum Vorstellungsvermögen, genauer: es gibt Fälle, in welchen dieses den Namen Einbildungskraft erhält. Der erste Fall ist der: wenn das Vorstellungsvermögen die Fähigkeit hat, das sinnlich Empfundene und Wahrgenommene in möglichst grosser Bestimmtheit wieder vorzustellen oder sich ein möglichst anschauliches Bild des Einzelnen seiner Beschaffenheit und Erscheinung, seiner Umrisse, Züge, Farben, Töne u. s. f. zu machen, dann ist es Einbildungskraft. Wer an eine von ihm gemachte Reise zurückdenkt, sie sich aber nur in ganz allgemeiner, nebuloser, verschwommener Gestalt wieder vor die Seele zu bringen vermag, wer sich z. B. erinnert, dass er so und so viele Tage reiste, dass er allerlei Berge, Seen, Flüsse, allerlei Städte und Dörfer, allerlei Menschen sah, aber keine klare Anschauung von sämtlichen oder doch den meisten Hauptgegenständen, die vor sein Auge kamen, hat und solche daher z. B. auch Andern nicht anschaulich beschreiben, geschweige denn sie ihnen hinzeichnen kann, der hat wohl Vorstellungsvermögen, aber er hat wenig Einbildungskraft. Der Sprachgebrauch ist natürlich bei diesen Dingen nicht so streng und ausschliessend festgestellt, dass man das Gesagte nicht auch anders ausdrücken könnte und dürfte; man sagt z. B. von einem Menschen, der was er gesehen nur undeutlich oder gar nicht beschreiben kann, auch: „er kann sich eben nichts vorstellen"; will man sich aber bestimmter ausdrücken, so sagt man: „es fehlt ihm an Einbildungskraft". Noch andere Bezeichnungen für bestimmtes oder anschauliches Vorstellen sind die Worte Imagination oder imaginative Kraft in dem Sinne der Fähigkeit sich ein Bild von etwas Wahrgenommenem zu machen, nicht blos eine nebulose Vorstellung, und Intuition, d. h. Gabe des Anschauens und von hier aus auch Gabe die Erscheinung der Dinge vollkommen scharf und durchdringend zu ergreifen und festzuhalten. Das Wort Einbildungskraft wird aber auch in einem zweiten Falle gebraucht. Es entsteht im Leben tausendmal die Aufgabe, Etwas, das man nur mit Worten schildern hört, sich anschaulich vorzustellen, das Wort in's Bild umzusetzen oder die Aufgabe: nach einer Beschreibung die beschriebene Sache selbst sich zu denken. Wer Das nicht kann, wer z. B. eine ganz und durchaus anschaulich geschilderte Reise sich nicht in ungefähr gleicher Anschaulichkeit, wie die Schilderung sie hat, vorstellen kann, der hat wohl Vorstellungsvermögen; aber Einbildungskraft, ebenso Imagination und Intuition, geht ihm sehr oder durchaus ab. Ein dritter Fall ist folgender: man nennt Jemanden dann einen Menschen von Einbildungskraft, wenn er einen besonders lebendigen Trieb hat, wahrnehmbare Dinge in sein Anschauen und Vorstellen aufzunehmen. Leute, welche die Welt gerne sehen, welche Vögel oder andere Tiere eifrigst in ihrem Leben belauschen, Leute, welche Freude haben, wenn recht Vieles und Mannigfaltiges „vor ihren Augen abgesponnen wird", Leute, denen man immerfort Neuigkeiten und Geschichten erzählen muss, wie Kinder und weibliche Individuen, bei denen regiert die „Einbildungskraft" und begehrt fortwährend nach Sättigung.

Indess: weder das Vorstellen überhaupt noch die Einbildungskraft insbesondere ist beschränkt auf Das, was man wirklich zu empfinden oder wahrzunehmen vermag. Man kann sich (S. 9 ff.) Dasjenige, was man empfand oder wahrnahm, auch anders vorstellen, als es ist; man kann sich die Hitze, die man unter dem Äquator auszustehen hatte, noch grösser denken und sie etwa auch Andern münchhausisch grösser schildern, als sie war; man kann sich Bäume vorstellen, welche silberne und goldene Äpfel tragen; man kann sich Menschen vorstellen mit Elephantenrüsseln, mit Nashörnern, mit Hirschgeweihen, mit Flügeln, Menschen hundert Ellen oder einen Zoll hoch, Menschen ohne Köpfe, ohne Ohren, ohne Hände und so Unzähliges. Man kann ebenso sich Dinge vorstellen, die man gar nicht empfand oder nicht wahrnahm. Wer z. B. träumt, dass er fliege, glaubt dabei eine Empfindung freien Schwebens zu haben, die er im Wachen nie hatte und haben konnte; vollends nicht wahrgenommenes kann man sich träumend und wachend in Hülle und

Fälle vorstellen. Andere Farben freilich als die, welche wir sehen, andere Töne als die, welche wir hören, können wir uns nicht vorstellen, und auch nichtgesehene Gestalten, welche wir uns vorstellen, Kentauren, Drachen, Genien, Dämonen u. s. f., sind aus wirklich Geschehenem gebildet durch Zusammensetzung, durch Vergrösserung, durch Verschönerung und sonstige Veränderung, welche unser Vorstellen mit wirklich gesehenen Erscheinungen vorgenommen hat; der Kentaur ist Mensch und Pferd, der Drache eine grosse fliegende Schlange, der Genius ein übermenschlich herrliches, aber durchaus menschenverwandtes geflügeltes Wesen in höhern Regionen, der Dämon eine unheimliche, grässliche, etwa auch mit tierischen Anhängseln versehene Karrikatur des Genius oder des Menschen selber. Allein wenn wir auch das Nichtgesehene aus wirklich Geschehenem herausbilden, ein Nichtgesehenes ist es, was da unser Vorstellungsvermögen frei erschuf, es ist von uns „erdacht, erdichtet, erfunden". Dasselbe vermag unser Vorstellen im Reich der Begebenheiten und Handlungen; auch da kann es alles irgend Denkbare sich denken, sei's unwillkürlich im Traume oder willkürlich im Erdenken, Erdichten, Erfinden nie geschehener und nach herrschendem Natur- und Weltgesetz nie geschehen könnender Dinge. Wer Gabe und Neigung besitzt zu solchem Erfinden, der ist ein Mensch von Einbildungs- oder imaginativer Kraft; wer dagegen nie oder kaum je träumt, wer auch wachend nichts aus freier Vorstellung sich erträumen, keine Geschichte erfinden kann und dergleichen, der hat wohl Vorstellung; aber viel Einbildungskraft schreiben wir ihm nicht zu, und ebenso auch Denjenigen nicht, welcher Erfundenes, das man ihm beschreibt oder erzählt, nicht mit seinem Vorstellungsvermögen auffassen, nachbilden oder nachkonstruieren kann. Die gewöhnlichen Bezeichnungen für die Einbildungskraft, sofern sie in dieser Art über das Wirkliche hinausgeht, sind: „freie Einbildungskraft, produktive, schöpferische Einbildungskraft, Erfindungskraft, Dichtungsvermögen". Die Einbildungskraft nun in diesem Sinne unterscheidet sich sehr wesentlich von allem andern Vorstellen. Sie ist nicht blos Vorstellen des schon Geschehenen oder, wie man auch sich ausdrückt, nicht blos reproduktive Einbildungskraft; sie ist nicht gebunden an Empfundenes und Wahrgenommenes, sondern sie „bildet" selbständig; und sie hat daher die Eigenschaft, da wo und dann wann sie lebendig ist, diese ihre Freiheit zu bethätigen und auszuüben dadurch, dass sie alle möglichen Bilder, und seien es auch die leersten, unbedeutendsten, tollsten „Einbildungen", aus sich erzeugt oder, wo sie anders woher, wie z. B. von Märchenerzählern, ihr an die Hand gegeben werden, dieselben sich aneignet und sich nun in solchen Gebilden so lange umtreibt, als sie irgend mag; sie „schweift" und „schwärmt" umher im ganzen Kreise des Möglichen, sie schiesst über das Wirkliche hinaus in's Gebiet des Nichtwirklichen, in's Reich der Fabeleien und der Wunder. Menschen von starker Einbildungskraft können bekanntlich am Ende es gar nicht mehr aushalten im Wahrgenommenen und Wahren; sie haben allzeit Einfälle, sie erfinden, dichten, lügen gerne; sie können nichts getreulich wiedergeben, sondern schmücken es aus mit vergrössernden, bereichernden, verschönernden oder auch abenteuerlich in's Furchtbare und Grauenhafte malenden Zusätzen des eigenen Gehirns, sie schneiden haarsträubend auf; sie freuen sich auch etwa Andere mit Solchem zum Besten zu haben und darob von ihnen angestaunt zu werden. Auch bei einfachern, „bescheidenern" Menschen, z. B. bei kindlichen Naturen, ist die erfindende Einbildungskraft, wenn sie einmal bei ihnen rege ist, allzeit geschäftig, und auch in's Leben hinüber erstreckt sie diese ihre unermüdliche und unersättliche Regsamkeit, indem sie die Mutter zahlloser neckischer Einfälle, Scherze und Streiche ist, welche die Menschen gegen einander verüben, wenn sie einmal voller Freiheit des Sichbewegens mit aller Lust inne werden zu wollen in Lage und Stimmung sind.

Neben dem Wort „Einbildungskraft" haben wir nun aber auch noch ein anderes sehr viel gebrauchtes, das Wort „Phantasie". Dasselbe bedeutet ursprünglich nichts weiter als Vorstellung; allein es hat im modernen Sprachgebrauch eine besondere, teils mit „Einbildungskraft" gleich lautende, teils aber auch wieder eigentümliche Bedeutung erhalten. Man braucht beide Worte sehr oft ganz in gleichem Sinne; z. B. von einem Menschen, welcher Geschenes nicht anschaulich in sein Vorstellungsvermögen aufzunehmen und es daher auch nicht anschaulich zu schildern vermag (S. 46), sagt man auch „er hat keine Phantasie", in demselben Sinn, wie man ihm Einbildungskraft abspricht; dasselbe sagt man von Dem, der Dinge, welche mit Worten beschrieben werden, sich nicht anschaulich vorstellen kann (S. 47), und von Dem, der keinen lebendigen Sinn für Bereicherung seines Vorstellens durch möglichst vieles Sehen und Hören hat (S. 47). Ebenso spricht man von „produktiver, erfindsamer, schöpferischer Phantasie" vielfach in gleicher Bedeutung, wie von „produktiver Einbildungskraft" u. s. f. Aber das Wort Phantasie klingt

7

doch etwas anders als das Wort Einbildungskraft, es klingt etwas vornehmer, etwas edler. Das Erfindungstalent des Aufschneiders und Lügners werden wir lieber Einbildungskraft als Phantasie nennen, das Erfindungstalent des Dichters dagegen lieber Phantasie als Einbildungskraft. Was ist nun dieses Vornehmere und Edlere, das in dem Worte Phantasie anklingt? Es ist diess, dass man bei „Phantasie", sofern sie auf Nichtwahrgenommenes oder Nichtwirkliches sich richtet, vor Allem daran denkt, dass sie gehe auf Solches, welches höher ist, als das Wirkliche es durchschnittlich ist, und namentlich höher als das Gewöhnliche und Gemeine, das in der Welt der Wirklichkeit so grossen und breiten Raum einnimmt. Die Phantasie geht nicht blos auf das Unwirkliche überhaupt, sondern innerhalb dieses immer in erster Linie auf das Überwirkliche, auf das Wunderbare und Wundersame höchster Gattung; sie geht in beiden Reichen, in dem des Unwirklichen sowohl als in dem des Wirklichen (wenn sie mit letzterem sich zu thun macht) auf das Ungemeine und Unalltägliche, sie strebt von allem Kleinen und Unbedeutenden hinweg und empor zu Dem, was gross und erhaben, was ungeheuer, was staunenswert, was erwartungs- und eindrucksvoll, auch was schaudervoll und grauenhaft ist; sie strebt vom Geringen und Dürftigen hinweg zu Dem, was nicht blos bunt und mannigfaltig ist (hiemit ist die Einbildungskraft zufrieden), sondern was reich, herrlich, glanz-, kraftvoll, leuchtend, farbenprächtig, ebenso zu Dem, was nicht eng, sondern weit und umfassend, was geradezu unbegrenzt und unendlich ist. Sie strebt desgleichen Dem zu, was nicht nahe, was nicht gemein deutlich, was nicht seicht und oberflächlich ist, was vielmehr nur aus weit entlegener Ferne her uns zuwinkt, was schwer zu erreichen, zu ersteigen, zu erringen ist, was spannt durch Dunkelheit, durch Unergründlichkeit, durch Tiefe, durch ahnungs- und geheimnisvolles Wesen; in letzterer Beziehung hat für die Phantasie, obwohl sie aufs Grosse geht, doch auch das unfassbar Kleine und Zarte, das Elfenhafte, ganz besondern Reiz, sofern es zwar nicht zum Grossen, aber zum schwierig und kaum Vorstellbaren gehört. Ganz besonders geht endlich die Phantasie „in beiden Reichen" auf Das, was frei, ungebunden, unbeschränkt ist, wie sie selbst es ist. Sie liebt Dasjenige, was nicht an die Materie gefesselt, was nicht todt und starr, nicht matt und bewegungslos ist, sie liebt Das, was ursprüngliche und unversieglich frische Lebendigkeit zeigt, sie liebt Das, was selbstständig eigentümliches, kräftiges, warmes, glühendes Leben in sich trägt, und was solches Leben flammend, sprühend, zundend nach aussen kehrt; daher denn auch die Phantasie die gründlichste Verächterin ist alles blos Gemachten, Berechneten, Künstlichen, Gezierten, alles blos Verständigen, alles ledern Regel- und Schablonenhaften, kurz eben alles Dessen, welchem der Springquell eignen innern Lebens fehlt. Sie liebt nicht minder Alles, was ungehemmt sich regt und strebt; sie liebt Das, was nach oben sich hebt und sich droben schwebend hält (,,des Vogels Fittig werd' ich nicht beneiden", sagt Wagner als der Mann der Phantasielosigkeit), sie liebt den Schwung, sie schätzt gering das Haften und Kleben am Boden. Sie begabt daher auch, wenn sie schöpferisch auftritt, Alles, was sie erzeugt oder was sie der Wirklichkeit entnimmt, mit diesen ihren grossen und herrlichen, lebens- und freiheitsvollen Zügen und Farben, sie gibt den Dingen Glanz der Unendlichkeit, sie ist ,,erhöhende, idealisierende" Seelenkraft. Schiller hat Phantasie, in's Hohe und Höchste gehende Phantasie, aber weniger Einbildungskraft; Goethe hat auch diese, und darum vermochte er so ausserordentlich anschauungsreiche Bilder alles Wirklichen, selbst des Gewöhnlichen und Kleinen, zu geben. Endlich bedeutet ,,Phantasie" noch Etwas, das ,,Einbildungskraft" gar nicht bedeutet, nämlich die Fähigkeit Allgemeines in anschaulicher Vorstellung oder anschaulichem Bilde zu versinnlichen, z. B. eine Wahrheit in einem Gleichnis, eine Idee in einem dichterischen Kunstwerk zu verkörpern, oder sie ist verbildlichende Kraft; Etwas und zwar etwas sehr Wesentliches hat sie allerdings auch, wenn sie diess bedeutet, mit der Einbildungskraft gemein, das Streben nach Anschaulichkeit.

Was für Dinge der Einbildungskraft und der Phantasie zusagen und nicht zusagen, braucht nach dem so eben und früher (S. 8 ff.) Ausgeführten nur kurz zusammengefasst zu werden. Angenehm ist ihnen, wie dem Auge, das Anschauliche, Helle, Glänzende, Farbige, aber nicht blos Dieses, sondern die unbegrenzte, wenn auch unüberschbar verworrene Fülle des Vielen und Mannigfaltigen, sei es aus dem Reiche des Wirklichen oder aus dem des Unwirklichen, und zwar namentlich aus dem letztern; in ihm liebt die Einbildungskraft das ,,Eingebildete", Abenteuerliche, Phantastische in allen noch so bunten Gestalten, wie die Phantasie das Grosse und Hohe, das Tiefe und daher auch das Dunkle liebt neben dem, dass das Leuchtende und Strahlende ihre Freude ist, desgleichen Das, was energisches Leben und reine Freiheit hat. Unangenehm dagegen ist diesen beiden Seelenvermögen Dasjenige, was den Gegensatz zu all Dem bildet, z. B. alles Blasse und Bleiche, alles Enge und Leere, alles

7 *

Ärmliche, Nüchterne und Trockene, sofern letzteres Wort (S. 39) auch Das bedeutet, was nicht anregt, weil es ihm an Lebensenergie oder an Tiefe fehlt, desgleichen alles Leblose, alles Gebundene. Starre, des freien Schwungs u. s. f. Entbehrende. Kurz: Unendlichkeit und Unbeschränktheit des Seins und Bewegens macht Dasjenige aus, woran die freie Einbildungskraft und die Phantasie sich weiden, und wozu sie uns erweitern und erheben.

Ganz anders, völlig umgekehrt ist es mit dem Verstand (vgl. S. 12). Er ist uns dazu gegeben, uns ein deutliches und sicheres Bewusstsein von Allem zu bilden, womit wir zu thun haben; er will klar und gewiss wissen, was die Dinge sind, und in welchen Verhältnissen sie zu einander stehen. Der Verstand begnügt sich vor Allem nicht mit dem blossen Anschauen oder gar mit blindem Anstaunen der Gestalt und Grösse, der Vielheit und Mannigfaltigkeit der Dinge, sondern er bringt diess Alles zu bestimmtem, begrifflich festumgrenztem, exakt formuliertem Erkennen. Er unterscheidet in dieser Weise auf's Bestimmteste von einander einmal alle die so mannigfaltigen Formationen, welche in der sichtbaren Welt auftreten, als da sind Linien, Winkel, Figuren, Körper; er stellt die Verschiedenheiten dieser Formationen, die „geometrischen, stereometrischen" Eigentümlichkeiten derselben mit strengster (bis zu mathematischen Definitionen und Lehrsätzen fortschreitender) Akribie fest. Jede Grösse, welche er sieht, will er nicht blos obenhin und überhaupt (S. 16. 17), sondern absolut genau gemessen, d. h. auf bestimmten Begriff und Ausdruck ihres Umfangs gebracht, jede Vielheit berechnet oder in die Formel einer bestimmten Zahl gebracht sehen. Ebenso sucht er auch sonst begrifflich festzustellen, welche Eigenschaften die Dinge haben: er bemerkt Gleichheit und Ungleichheit, Ähnlichkeit und Unähnlichkeit, Verwandtschaft und Gegensatz der Dinge in Betreff dieser ihrer Eigenschaften und ordnet oder klassifiziert sie hienach zu Gattungen und Arten (z. B. Lebloses und Lebendiges, Pflanze, Tierheit, Menschheit, Menschenrassen, Stamme, Völker u. s. f.); er stellt ebenso die Eigentümlichkeit eines einzelnen Dinges oder Wesens, z. B. die Eigentümlichkeit dieses Menschen, begrifflich fest, indem er untersucht und angibt, welcher Art von Menschen eben dieser Mensch (durch Geschlecht, Naturell, Temperament u. s. f.) angehöre, und was er in und neben dieser Verwandtschaft mit Andern doch wiederum persönlich Besonderes und Eigenes, nur ihm Zukommendes habe; er charakterisiert und beschreibt desgleichen die

Art und Weise oder den Charakter einer Landschaft, einer Blume, die Zusammensetzung einer Maschine u. s. f. in voller begrifflicher Präzision. Der Verstand ist aber nicht blos der „Mathematiker", der die Dinge misst und zählt, und nicht blos der „Logiker", der sie klassifiziert und beschreibt, sondern er ist auch „Physiker" und „Metaphysiker", das heisst: er ist nicht, wie die Einbildungskraft, damit zufrieden, dass Dinge da sind, dass Diess und Jenes in der Welt geschieht, dass Etwas sich bewegt, dass das Eine so, das Andere anders wirkt, sondern er hat den grossen Gedanken eines durchgreifenden Zusammenhanges der Dinge; er tritt an die Welt heran mit dem festen Glauben, dass dieses Verhältnis des Zusammenhangs überall sei, und sucht dasselbe überall zu entdecken und nachzuweisen. Wenn ein Brand entsteht, fragt der Verstand sofort, womit es zusammenhänge, dass derselbe entstand, oder er fragt nach dem Warum, dem Woher, der Ursache des Geschehens. Er fragt ebenso nach den Kräften, aus welchen gewisse Wirkungen entstehen, und sucht genau zu bestimmen, welche Kraft zu wirken die Dinge haben, was sie hervorbringen, was sie leisten können. In diesem Erforschen der Ursachen und der wirkenden Kräfte steht er auch nicht irgendwo still, sondern er setzt es in alle Weiten und Tiefen der Welt fort und nimmt sich daher endlich geradezu die Frage heraus, warum die Welt so beschaffen, so umfassend, so unendlich sei, wie sie ist, ja warum sie da sei, wie es komme und zusammenhänge, dass überhaupt ein Sein, dass nicht Nichts, sondern Etwas vorhanden ist. Wenn so der Verstand nach dieser „metaphysischen" Seite allerdings in's schwer-, vielleicht unerreichlich Ferne sich verliert, so ist er aber andrerseits dess ungeachtet stets vor Allem mit der unmittelbaren Gegenwart beschäftigt; denn man braucht ihn nicht blos zum Erkennen, man braucht ihn noch mehr zum Leben, weil er allein uns klar sagt, was wir bedürfen, was wir brauchen, und nicht minder, wie oder wodurch wir zu Dem gelangen können, was uns notwendig oder was doch Gegenstand unsres Begehrens ist, d. h.: wie er den Menschen über Alles aufklärt, so auch über Dasjenige, was zum Leben wirklich nötig oder doch wirklich wünschenswert ist, oder über die Zwecke, die er sich zu setzen hat, und ebenso weist er ihm den Weg zu den Mitteln, welche die Bedingung davon sind, dass er Das was er will wirklich erlangt; da er die Eigenschaften, Kräfte und die Wirkungen der Dinge erkennt, so ist er (S. 52) im Stande, verschiedene Dinge mit einander zu vergleichen, und weil er hiezu im Stande ist, so kann er auch ausfinden und angeben, was für Zwecke dem Wesen des Menschen und was für Mittel diesen seinen Zwecken entsprechen oder nicht. Kurz: der Verstand ist auch „Praktiker", er ist unser Führer durch's Leben, der uns von Zweierlei abhält, blind (ohne klaren Zweck) und verkehrt (zweckwidrig in der Wahl der Mittel) zu handeln. Dieses sein Geschäft des Erkennens der Dinge sei es in blos aufs Wissen selbst gehender theoretischer oder in praktischer Absicht betreibt der Verstand — auch Das gehört zu seinem Wesen — in der unbedingtesten und unbeugsamsten Richtung auf Gewissheit und Wahrheit. Er will nicht getäuscht sein und ist daher geschworener Feind alles Scheins und Trugs, wie er Feind der Unklarheit ist; er gibt sich, falls er sich selbst getreu ist, nicht (wie die Phantasie) mit Einfällen und Einbildungen, mit blossen Meinungen und Behauptungen ab, sondern kehrt Solchem stolz und kalt den Rücken; er verlangt für Alles Grund und Beweis, d. h. die Aufzeigung, dass, was über die Dinge gesagt werden will, den Dingen auch wirklich entspreche, Ausdruck des Wesens und der Beschaffenheit der Dinge selber sei, mit ihnen harmonire, nicht aber disharmonire. So sehr fordert er überall den strengsten Zusammenhang Dessen, was er vor sich sieht, dass er auch da, wo es sich nicht um Feststellung bestimmter Erkenntnisse, sondern um ganz freie geistige Produktion handelt, wie z. B. um Gespräch, um Kundgeben von Ansichten, die man selbst nur bedingt ausspricht, um erfundene Geschichten, — dass er auch da verlangt: wer etwas sagt, soll etwas wohl Zusammenhängendes sagen, d. h. er soll sich nicht widersprechen und er soll nicht ganz und gar Unbegründetes, z. B. schlechthin Unwahrscheinliches, Abenteuerliches u. s. f., vorbringen, er soll ferner seine Sachen so erzählen, dass man die einzelnen Begebenheiten, die eine Geschichte enthält, sich folgerichtig entwickeln sieht, und man soll desgleichen einerseits vollständig geben, was man geben will, andrerseits bei der Sache bleiben, nichts Unhergehöriges, Abschweifendes, Überflüssiges einmischen, sondern das Gesetz beobachten, dass, was man sagt, Einheit habe (S. 18 f.).

Diejenigen Dinge, welche hienach dem Verstande zusagen und nicht zusagen, sind selbstverständlich denen fast durchaus entgegengesetzt, welche die Einbildungskraft liebt und nicht liebt; sie haben am meisten Verwandtschaft mit den Gegenständen, welche dem Gesichtsinne die angenehmsten sind, sehr natürlich, da ja der Verstand nichts Anderes als das sehende Auge der Seele ist. Dem Verstande sagt zu Alles, was mit Leichtigkeit sich klar erkennen

— 55 —

lässt, also das selber Klare, d. h. das Helle, das Anschauliche, das Deutliche, das wohl erkennbar Gestaltete oder das bestimmt, scharf, charakteristisch Ausgeprägte; desgleichen sagt ihm zu das Durchsichtige und Überschauliche, d. h. das Einfache, das Geordnete, das, was nicht wüst durcheinander liegt, sondern wohl abgeteilt, gruppirt, gegliedert ist. Das Dunkle liebt der Verstand nur, um es aufzuhellen (S. 12), das Verschlungene nur, um es aufzulösen, das Verworrene nur, um es klar zu legen, das Mannigfaltige nur um Einheit in ihm zu suchen, d. h. um aus ihm das, was gleicher Art und Gattung ist, herauszufinden, das Zerstreute nur um es zusammenzubringen, ebenso auch das Unvollständige nur um es zu vervollständigen, das Einheitslose oder Zerfahrene nur um ihm die fehlende Einheit (z. B. durch Ausmerzung fremdartiger Bestandteile) zu geben. Das Zusammenhangslose, das Grund- und Zwecklose, das Willkürliche, das sich Widersprechende, das Verkehrte, das Zweckwidrige, überhaupt den Unverstand hasst er und geht ihm aus dem Wege, wo er kann. Indess: es ist nicht blos Hass, was er gegenüber dem Verkehrten u. s. f. empfindet; nein, er hat auch eine gewisse Lust an ihm, die Lust des Gefühls seiner unendlichen Überlegenheit über dasselbe, die Lust der Geringschätzung und Verachtung, es kommt ihm grunderbärmlich, es kommt ihm spottes- und hohneswert, oder es kommt ihm lächerlich vor, ausser in Fällen, wo der Unverstand gefährlich oder sonst traurig ist. Ist aber das direkte Gegenteil hievon vorhanden, schadet z. B. die Albernheit oder Dummheit eines Menschen Niemanden etwas, ist sie nicht allzu ungeheuer, ist sie ferner mit bessern Eigenschaften, z. B. mit Gutmütigkeit, zusammen, oder ist sie durch gewisse Umstände entschuldigt, z. B. durch Überraschung und Eile, welche nicht Zeit lassen zu verständigem Handeln, ist es so: dann sieht der Verstand dem Verkehrten wohl noch mit dem Gefühl seiner Überlegenheit, aber zugleich mit dem Behagen darüber zu, dass der Unverstand diessmal nur ganz ungefährlich und sogar liebenswürdig auftritt, und er giesst daher nicht die bittere Lauge des Spottes und Hohnes über ihn aus, sondern sieht ihm unbedingt gutgelaunt oder mit Humor zu, d. h. er kann zwar das Lachenmüssen über die Verkehrtheit nicht zurückhalten, aber er kann auch einer Freude darüber sich nicht erwehren, dass der Unverstand diessmal so harmlos und artig auftritt und in dieser Gestalt ans Licht des Tages sich wagt, obwohl er eigentlich sich nirgends blicken lassen sollte. Auch dem „Grundlosen", wie z. B. abenteuer-

lichen Einfällen, Flunkereien, Alfanzereien jeder Art, und dem „Zwecklosen",
wie z. B. müssiggängerischem Zeitvertreib, leeren Spielereien, Neckereien und
sonstigen Spässen, die es geben mag, kann der Verstand, wenn sie nichts zu
besagen haben, Humor entgegenbringen, obwohl er an sich der Gegner und
Tadler dieser Dinge ist. Vermöge des Umstands, dass Wahrheit das Eine
und letzte Ziel ist, auf welches er hinsteuert, ist der Verstand, wie schon gesehen, der abgesagte Feind alles Unwahren und alles die Wahrheit Hemmenden,
Feind des Scheins, des Trugs, der List, der Heimlichkeit, Verschlossenheit
(obwohl er wegen seiner Klugheit zum Aushecken, Verstecken und Bemänteln
gerade auch solcher von ihm selbst verwünschter und verachteter Dinge
trefflich missbraucht werden kann), Freund alles Ungeschminkten, Ehrlichen,
Offenen und Aufrichtigen. Aber auch hier kann er, wenn das „Unwahre" unschädlich ist, und etwa mit artig hübscher Schlauigkeit und Verschlagenheit
auftritt, sich zu humoristischer Auffassung bestimmt finden, und so entspringt
denn nach allen Seiten hin gerade dem von Hause aus ernstesten aller Geistes-
vermögen eine Fülle des Fröhlichen und Heitern, welche man auf den ersten
Anblick am wenigsten bei ihm suchen sollte. Vermehrt wird sodann die Zahl
der Dinge, von welchen der Verstand angenehm sich angesprochen findet,
durch Dasjenige, was ihm die Lust hoher, unbedingter Befriedigung gewährt, was
seinen Beifall, seine Schätzung und Achtung, seine Bewunderung erregt. Es
gehört dahin Alles, was intellektuell bedeutend und grossartig ist, alles
Sinnreiche, alles Geisteskräftige und Geistvolle, Alles, was Scharfblick, Klugheit
und Weisheit, Talent und Genialität verrät und so den höhern und höchsten
Ansprüchen genügt, welche man an menschliche Intelligenz machen kann.
Nach der heitern Seite gehört zu Dem, was den unbedingten Beifall des Ver-
standes erregt, alles Dasjenige, was man unter dem Namen des Witzigen
begreift, sei es der Witz im engern Sinne, das „Witzwort", oder alles Sonstige,
was unter den Begriff eminenten heitern Verstandesgebrauches gehört, der
Humor selbst, sofern er sich in launigen Beleuchtungen und Darstellungen der
Dinge ergeht, die Ironie, die Satire, der Schalksstreich (zum
Exempel Prinz Heinrich contra Falstaff), die höhere Eulenspiegeliade, die
Posse und die Komödie.

Nach der Seite des Gemüts (S. 34) wirken gewisse Dinge, seien es Sachen
oder Personen, Beschäftigungen und Handlungen oder Zustände, Erlebnisse und
Schicksale, auf uns angenehm einfach dadurch, dass sie entweder dem Ge-

fühl des Menschen überhaupt, wie es von Natur ist, oder der besondern Gefühlsweise dieses oder jenes Individuums, desgleichen seinen individuellen Neigungen und Leidenschaften, oder endlich auch einer jeweiligen Stimmung entsprechen. Die Eindrücke angenehmer Art sind sehr mannigfaltig. Zahlreiche Eindrücke der „niedern Sinne" treten hier wieder auf in höherer, sozusagen geistig verklärter Gestalt, und zu ihnen gesellen sich nicht minder viele neue, welche zum Teil mit Dem sich berühren, was die Einbildungskraft und Phantasie anzieht und in Bewegung setzt. Dem Gefühl des Menschen sagt zu, was dasselbe nicht verletzt, sondern schonend auf uns wirkt, d. h. das Sanfte, Weiche, Zarte, das Freundliche, Milde, Holde und Holdselige, ebenso Dasjenige, was mit solchen Eigenschaften ein ebenso ungezwungenes als lebhaftes Entgegenkommen verbindet und hiedurch anheimelnd und anmutend oder, wenn die Lebhaftigkeit stärker ist, reizend wirkt, z. B. im Bewegen, in Geberde und Gespräch, in sonstigem Benehmen. Ferner ist dem Gefühle angenehm Artigkeit, gesittetes Betragen, Humanität, Wohlwollen, Offenheit, Zugänglichkeit; solche Eigenschaften machen uns einen Menschen „sympathisch", sie sprechen an, sie sind erfreulich, wohlthuend, gewinnend, liebenswert; namentlich die nichts verbergende, sich ganz gebende Offenheit ist das Liebenswürdigste von Allem, was wir kennen; mit reiner Anmut verbunden kann sie geradezu entzückend, ja bezaubernd und berückend werden. Beglückend wirkt das Anschauen guten Erfolgs, ungehemmten Gedeihens; freudiges Mitgefühl empfinden wir gegenüber redlichem, unverdrossenem, wohlgelingendem Mühen und Streben, Wonne, wenn Hindernisse und Gefahren überwunden sind und volles Wohlergehen erreicht ist, oder auch wenn Grosses und Herrliches unverhüllt und ungetrübt vor uns sich aufthut, Begeisterung, Erhebung, Beseligung, „Getragenwerden zu allen Himmeln", wenn das Eine oder Andere, wofür wir mit aller Innigkeit fühlen, vollendet, siegend und siegesstrahlend uns gegenüber tritt. Weniger lebhaft und weniger hochgehend sind die Eindrücke des Freudigen, welche einfacheres Glück oder Wohlgefühl der Menschen in uns hervorruft, der des Frohen, wenn irgendwo eine Befreiung von Sorge oder Kümmernis eintritt, ferner Heiterkeit, welche sich über die Seele verbreitet, wenn trübe Wolken sei's des Himmels sei's des Schicksals entweichen, Vergnügung und Ergötzung, wenn durchaus unverkümmert reges Leben

3

und Gebaren, und wäre es selbst Mutwill bis zur „Tollheit", vor unsern Augen in höchster Freiheit sich entfaltet, Belustigung, wenn was wir sehen von der Art, z. B. so kindisch oder so verrückt ist, dass zugleich unser Überlegenheitsbewusstsein erwacht und daher das Wohlgefühl des Lachenmüssens unsrer sich bemächtigt (S. 55). Eine andere Reihe von Eindrücken entsteht durch Dinge, welche auf das Gleichgewicht unsres Gemützustandes eine Einwirkung ausüben. Angenehm ist unter diesen das ruhig Wirkende, ruhig Anregende, oder, wenn eine Erschütterung da war, das wieder Beruhigende, Besänftigende, den Sturm des Innern wieder Stillende. Angenehm ist aber auch, weil der Mensch Erregung seiner Lebensgeister bedarf (S. 35), Alles, was eine solche bringt, was lebhaft bewegt und ergreift, was uns kräftig anfasst, unser Blut in Wallung, unser Phlegma in Harnisch bringt; angenehm ist daher namentlich (nicht allzu heftige) Überraschung (welche auch auf dem Gebiete des Verstandes eintreten kann, wenn man auf Dinge stösst, die den Zusammenhang, in dem man eben war, z. B. den Zusammenhang einer Betrachtung, einer Rede, stören und unterbrechen) und sanftes Erschrecken.

Nicht minder zahlreich sind leider die den so eben aufgezählten angenehmen Eindrücken entgegenstehenden unangenehmen. Weil ihrer so viele und weil sie blos die einfachen Gegensätze der angenehmen sind, zählen wir sie nur kurz auf. Es gibt Dinge, welche uns abstossen, uns widrig, unsympathisch oder geradezu antipathisch, hassenswert sind, Unmut, Ärger, Bitterkeit, Zorn, Wut in uns erregen. Es gibt Dinge, welche uns bekümmern, betrüben, schmerzen, in uns Bedauern und Mitleid hervorrufen, uns kränken und niederschlagen, uns verlegen und rot machen, uns verdüstern, uns heftig aufregen, in Bestürzung und Schreck versetzen, uns unheimlich, entsetzlich, grässlich sind, endlich solche, die unser Gemüt kalt und leer, ohne Anregung lassen und dadurch uns zuwider werden können.

Auch aus Lust und Unlust gemischte Eindrücke können wir empfangen. Es gibt lindernde, tröstende, versöhnende, d. h. Leid in Freude auflösende Empfindungen. Es gibt „bittersüsse", sowohl Lust als Ärger mit sich führende Gefühle. Es kann geben ein Mitleiden, welches zugleich Mitfreude ist, nämlich die Rührung, welche dann entsteht, wenn wir Das, was wir lieben, was uns hoch und teuer ist, leiden sehen und eben in Folge dieses Leidens unsre Teilnahme an ihm um so stärker erwacht. Es kann geben eine der Rührung ähnliche, oft durch sie bewirkte E r w e i c h u n g des zuvor erzürnten, nun aber zur Versöhnung gebrachten Herzens, in welcher Schmerz über die vorher gehegte Härte und Feindschaft u n d Lust in Folge des Sieges der Versöhnung über allen Hader und Streit untrennbar zusammentreffen, so dass „Thränenlust", freudige Wehmut uns übermannt. Ebenso können uns nach anderer Seite hin Dinge vorkommen, welche uns eigentlich ärgern könnten, welche aber dessungeachtet, weil sie nämlich nicht von sehr schwerem Belange sind, und weil wir selbst eben in unzerstörbar guter Stimmung oder Laune sind, uns nicht erzürnen oder kränken, sondern uns mit dem heiteren Gefühle erfüllen, dass sie uns nichts anhaben können. Oder es gibt ärgerliche Dinge, gegen welche wir unsre gute Laune oder unsern guten Humor behaupten, welche somit nur heitern, nicht unmutigen Eindruck auf unser Gemüt machen; so z. B. „verflucht" ungeschickt sich einstellende böse Witterung, plötzliche Hindernisse oder Durchkreuzungen einer Absicht, die wir hatten, Verlust von Etwas, das wir brauchten, Nichtfinden einer Brille oder eines Taschentuchs, Lachenmüssen bei feierlichen Hergängen und unzähliges Andere im tagtäglichen Leben. Die hier eintretende humoristische Auffassung ist im Wesentlichen dieselbe, welche wir schon im Gebiete des Verstandes fanden (S. 55); der Unterschied aber von letzterer besteht darin, dass es sich h i e r handelt um Dinge, die uns selbst angehen und hiedurch unser Gemüt berühren, d o r t aber um solche, welche das Urteil unsres Verstandes herausfordern, auch ohne dass wir persönlich an ihnen beteiligt oder „interessiert" wären.

Auf alle B e s o n d e r h e i t e n der Gemütsart, d. h. auf die verschiedenen Temperamente, Naturelle, Charaktere, desgleichen auf die verschiedenen Richtungen der im Gemüte wohnenden Triebe, Neigungen und Leidenschaften (S. 57) können wir nicht eingehen. Es genügt die Bemerkung: jede Gemütsart und Gemütsverfassung hat ihre eigene Welt des Angenehmen und des Unangenehmen. Der Choleriker z. B. liebt den Lärm und das Geschrei, welche der Phlegmatiker gründlich hasst; der Melancholiker liebt das Dunkel; der Sanguiniker dagegen empfindet keinerlei Anziehung desselben. Der Mann liebt bekanntlich das Zarte und Anmutige, er verträgt aber auch das Derbe und Herbe und kann es nicht lange aushalten ohne kräftige Nahrung; das Weib liebt das Starke, ist aber so empfindsam, dass es nur, was sanft, mild und fein ist, auf die Dauer gerne in seiner Nähe hat. Der Tapfere liebt Kampf und Gefahr, der Zahmere das Gegenteil, der Ehrgeizige mag nur das Glänzende, der Bescheidene nur das Massvolle u. s. f. Auch die Unterschiede der Bildung sind für die Gemütsart sehr wichtig; Unbildung kann Rohigkeit und Härte, aber auch frische Empfänglichkeit und damit Freude an Allem, was den Menschen lebendig rührt und bewegt, bewirken, wie im Mittelalter; Bildung bewirkt Sinn für alles Feinere, kann aber, wenn sie Überbildung wird, das Herz so aushöhlen, dass nicht mehr das Natürliche, sondern nur noch das künstlich Überreizende, Pikante, Blasirte ihm etwas gilt.

Die jeweilige Gemütslage oder Stimmung (S. 57) ist gleichfalls von entscheidender Wichtigkeit für Das, was uns zusagt oder nicht. Wir mögen nicht immer Dasselbe und können nicht immer Dasselbe vertragen; heute sind wir frei, mutig, vergnügt, ein andres Mal umzieht ein dunkler Flor unser Inneres, der das Freudige uns in die Ferne rückt, ja es uns zu etwas Peinlichem macht, wenn es uns nahe treten will. Sowohl körperliche Zustände als Erlebnisse und Schicksale machen die Stimmungen ausserordentlich vielfältig und wandelbar, namentlich wenn das Herz für Alles offen, wenn es weich und daher wechselnden Einflüssen zu widerstehen unfähig ist.

Endlich gibt es geistige Eindrücke der Lust und Unlust, welche dadurch entstehen, dass Etwas uns in sittlicher Beziehung so oder anders, angenehm oder unangenehm, affiziert.

Wir können von Sachen oder Personen sittlich angenehm berührt, von ihnen nach der sittlichen Seite hin mit den Gefühlen der Zufriedenheit, Billigung und Zustimmung, des Beifalls und der Freude, der Bewunderung, der Achtung und Schätzung erfüllt werden. Solche Gefühle empfinden wir gegenüber allem Demjenigen, was uns als recht und gut, als würdig und edel erscheint.

Aber auch die gegenteiligen Eindrücke können wir erhalten. Es gibt Dinge genug, die uns sittlich unangenehm berühren, die uns sittlich in Unzufriedenheit und Missstimmung versetzen, uns entrüsten und empören, unsern Unmut, ja unsern Grimm, Ekel und Abscheu erregen. Desgleichen gibt es Dinge, welche unsere sittliche Verachtung oder doch Geringschätzung herausfordern, weil sie niedrig und gemein erscheinen.

Ausserdem können auch auf dem Gebiet des Sittlichen „gemischte" Eindrücke entstehen. Man kann gegen Etwas, das unsern Unmut lebhaft herausfordert, doch ein Gefühl der Milde, ja der Rührung empfinden, wenn der Fehl durch entschuldigende Rücksichten gemindert ist. Man kann desgleichen Verstösse und Versehen, wenn sie von wenig Belang sind und wenn ihnen gleichfalls mildernde Entschuldigung zur Seite steht, heiter auffassen als etwas Harmloses und Unschädliches, man kann über sie lächeln, d. h. man kann auch sie, wie Verstandesirrtümer (S. 55) und ärgerliche Dinge (S. 59), humoristisch nehmen und behandeln.

Die im Bisherigen ·S. 34 ff.) betrachteten angenehmen und unangenehmen Eindrücke der Dinge sind von grosser Wichtigkeit für unser ästhetisches Interesse an den letztern ·vgl. S. 33).

Es versteht sich ganz von selbst, dass wir das, was uns angenehm ist, lieber sehen, als das Gegenteilige. Was zuerst die niedern Sinne betrifft, so ist nicht blos Ekelhaftes schmecken und riechen, sondern auch sehen zu müssen stets peinlich; auch vom Schmutzigen und Schmierigen wenden wir unser Auge ab; was wir dagegen als gutschmeckend kennen oder als gutriechend empfinden, oder was säuberlich und rein ist, das sehen wir gerne. Ebenso ist es in höherem Gebiet mit dem Sittlichen. Das sittlich Ekelhafte, Abscheuliche u. s. f. wollen wir nicht sehen und nicht hören; was wir schauen sollen, das soll anständig und edel sein, es soll unser sittliches Gefühl nicht verletzen. Und weil so die Annehmlichkeit und Unannehmlichkeit der Dinge für das ästhetische Interesse an ihnen so wichtig ist, so spielt auch die Individualität und der mit ihr gegebene individuelle Geschmack in Betreff des Angenehmen und Unangenehmen eine ausserordentlich grosse Rolle auch im ästhetischen Gebiete, wie diess schon früher (S. 40. 42. 45. 51) teilweise hervorgehoben wurde. Der Eine sieht gerner Austern, der Andere Äpfel und Birnen, der Eine lieber das Weinglas, der Andere den Bierhumpen, der Eine hört lieber Ochsengebrüll, der Andere Vogelgesang, der Eine lieber die Posaune, der Andere die Flöte, der Eine den von künstlichen Lichtern erhellten Salon, der Andere den funkelnden Sternenhimmel u. s. f. Weiter hinauf liebt der Mensch mit blühender Einbildungskraft das Bunte und Mannigfaltige, der Phantasiemensch das Hohe und Ungemeine, der Phantast das Abenteuerliche, der Verstandesmann das Klare, Nüchterne u. s. f. Auch das dem gebildetern Menschen Widrige, Unsympathische, Schmerzliche, Gräuliche, z. B. Rohheit, Grausamkeit, kalte Selbstsucht, Raub und Misshandlung, Schlächtereien, Mordthaten, sieht doch der noch unmenschliche Wilde oder der entmenschte Barbar und der brutale Menschenfeind, etwa auch die verhärtete Gemütlosigkeit

gerne mit an, wie es z. B. Nationen gab und gibt, denen Gladiatoren- und
Tiergefechte die höchste Seligkeit des Schauens gewährten und gewähren; der
empfindende Mensch dagegen sucht andere Unterhaltung auf als diese. Der
eine Mensch liebt ernste, der andere spasshafte Dinge; napoleonische Naturen
werden kriegerische Schauspiele, heroische Dramen, gewaltig mit den Menschen
umgehende Tragödien gerne an sich vorübergehen lassen, andere dagegen
ziehen das Weiche, Empfindsame, sanft Rührende vor; jeder Stand vom Bauer
bis zum König hat seinen besondern Geschmack in Bezug auf das, was dem
Gemüt behagt und nicht behagt. Sehr gross ist der Unterschied des individuellen Geschmacks bei humoristischen Dingen. „Es hat nicht Jeder Humor"
und kann sich daher auch nicht Jeder zu humoristischer Auffassung unschäd-
licher Irrtümer (S. 55), Übelstände (S. 59) und Fehler (S. 61) bequemen.
Oder „geht einem hie und da der Humor aus", so dass er vom Heitern nichts
wissen mag. Durchschnittlich ist es allerdings dem Menschen Bedürfnis, neben
dem düster pedantischen Ernst auch den Humor walten zu lassen und das unendliche Wohlgefühl zu empfinden, das er deswegen mit sich führt, weil er
uns das, was uns ärgert und drückt, in milderem Licht erblicken lässt und uns
hiedurch eine Versöhnung mit so gar vielen Dingen gewährt, welche uns, wenn
wir sie zu streng nähmen, verstimmen oder gar verbittern könnten; immer
aber vermögen wir uns nicht auf seiner Höhe zu halten, und so kann es geschehen, dass der Sinn für das Freudige fehlt und das Traurige und Düstere
mehr als jenes die Seele beschäftigt. Wie mit dem Humor, so verhält es sich
auch mit den andern Stimmungen (S. 60). Eine Stimmung kann dem Menschen
„allen Geschmack" an demjenigen „verderben", was ihm sonst vielleicht sehr
lieb und theuer war, sie kann es ihm auf lange hin „verleiden"; sie kann umgekehrt ein Behagen an Dingen in ihm erwecken, gegen welche er lange Zeit
gleichgültig gewesen war.

Der Einfluss, welchen die Unannehmlichkeit gewisser Dinge auf unser
ästhetisches Interesse an ihnen hat, ist übrigens ein sehr verschiedener, je nachdem wir die Dinge selbst oder blos Bilder von ihnen (S. 24) vor uns haben.

Das Bild ersetzt zwar unsrem Anschauen die leibhaftige Gegenwart des
Dinges, „wir sehen im Bilde die Sache"; aber es ist doch ein grosser Unterschied, ob ich die Sache selbst oder ihr Bild vor mir habe. Das Bild ist
ebensosehr nicht die Sache, als es eines mit ihr ist; es ist nicht eine Wirklichkeit, wie die Sache es ist; es ist blos Abspiegelung derselben in unwirklicher

oder wie der technische Ausdruck lautet „ideeller" d. h. blos dem Reich des Vorstellens angehöriger Art und Weise. Der Wiederschein des blauen Himmels in klarem Wasser ist dem Himmel selber wunderbar ähnlich, aber er ist blos „Schein", nicht Wahrheit; der gemalte oder etwa auch durch Feuerwerk nachgeahmte Ausbruch des Ätna „stellt" dieses Naturereignis blos „vor"; das Bild der Ermordung Cäsar's im römischen Senat ist nicht selber Mord; gemalte Märtyrersqualen sind keine wirkliche Pein. In Folge hievon wird unser Gefühl vom blos bildlich Dargestellten keineswegs so in Mitleidenschaft versetzt, wie vom Wirklichen selber; dem Bilde gegenüber haben wir nicht mit wirklichen Schrecknissen und Freveln, mit wirklich leidenden, mit wirklich bösen Menschen zu thun und empfinden daher nicht die Unlust, nicht den Schmerz, nicht den Widerwillen, womit solche Wirklichkeiten uns erfüllen würden. Schon Aristoteles hat diess bemerkt, wenn er sagt: „in der Natur des Menschen liegt von Kindheit an die Freude am Wahrnehmen von Nachbildungen; diess zeigt sich thatsächlich: Bilder von Gegenständen, die wir, wenn wir sie selbst erblicken, nur ungern sehen, betrachten wir gerade, wenn sie ganz treu und genau sind, mit Vergnügen, wie z. B. die Gestalten der verachtetsten Tiere und die Gestalten von Leichnamen". Immer und überall hebt freilich der unwirklich ideelle Charakter des Bildes die Unlust an der Sache nicht so auf, dass wir ihr Bild gerne sehen könnten. Es gibt Grässlichkeiten genug, welche das nicht selbst grässlich rohe Gemüt weder in malerischer noch in theatralischer Nachahmung sehen will; Shakspeare's Andronikus, Marlow's Faust wird heutzutage Niemand aufführen wollen; es gibt desgleichen sittlich verwerfliche Bilder der Sinnlichkeit, der Üppigkeit, der Wollust, welche zu sehen ihre Urheber Niemanden zumuten sollten. Ähnlich ist's mit dem Ekelerregenden; es war z. B. noch in der Zeit der Renaissance Gebrauch, auf Gemälden der Auferweckung des Lazarus die Worte „Er riechet schon" dadurch bildnerisch wiederzugeben, dass die Umstehenden sich die Nasen zuhielten, heutzutage wird man solche Exaktheit in Darstellung körperlicher Impressionen auch von Seiten der extremsten „inpressionistisch-realistischen" Kunstrichtung hoffentlich (?) nicht mehr wagen. Aber ein grosser Unterschied ist es doch, ob ich die Sache selbst oder ihre blosse Spiegelung mir gegenüber habe, und das Bild hat daher neben allem Andern, was es für das ästhetische Interesse leistet (S. 25), auch noch ein weiteres Verdienst: es ist sozusagen ein die Härten und Grellheiten so vieler Wirklichkeiten abdämpfendes Glas, welches als solches uns Vieles zu sehen gestattet, wovon wir uns sonst abwenden mussten. Namentlich gilt diess von Dingen trauriger und ärgerlicher Gattung. Zahllose Schrecknisse und Leiden, zahllose Bosheiten und Hartigkeiten, zahllose Dummheiten und Albernheiten, welche in der Welt zu Tage kommen, sind uns interessant und gehören somit in den Kreis Desjenigen, was wir sehen wollen, sind uns aber doch zugleich so peinlich, dass wir sie nicht selbst mitanschauen möchten; darüber hilft das Bild hinweg, es lässt uns das Peinliche in Ruhe, ohne Schauder, ohne Abscheu sehen und so unsern Schauensdrang, der Alles in der Welt umfasst, auch nach dieser Seite hin befriedigen. Auf der Bühne z. B. sieht sich „die Tragödie und Komödie des Lebens" um etwas leichter an, als in der Wirklichkeit, wo sie uns schmerzt, uns ärgert oder uns gar zum Dreinfahren und Dreinschlagen auffordert.

Das ästhetische Interesse ist (S. 31) an sich unbeschränkt und allumfassend; aber es ist nicht das gleiche für Alles. Es wendet sich nur solchen Dingen mit Lust zu, welche ihrer Natur nach angenehm für den Menschen sind; von unangenehmen Dingen wendet es sich mit einer Unlust ab, welche bis zum höchsten Grade des Widerwillens und Abscheu's gehen kann (S. 34–64). Etwas Ähnliches, zugleich aber auch wesentlich Verschiedenes findet nun ferner statt gegenüber Demjenigen, was ganz besonders Gegenstand des ästhetischen Interesses ist (S. 14–20), gegenüber der Erscheinung, der Gestaltung, der Form der Dinge. Einige Formbeschaffenheiten der Dinge gefallen, andere missfallen, und zwar ganz durch sich selbst, ohne alle Rücksicht darauf, ob die Dinge, welche diese Formbeschaffenheiten haben, uns angenehm oder unangenehm sind. Eine Formbeschaffenheit, welche uns gefällt, ist uns nun freilich auch zugleich angenehm, da Gefallenempfinden eine Empfindung der Lust, der Freude u. s. w. ist; eine Formbeschaffenheit, welche uns missfällt, ist uns natürlich auch zugleich unangenehm, weil Missfallen Unlust ist. Aber: es kann uns Etwas hinsichtlich seiner Form gefallen, das uns an sich selbst unangenehm ist, und es kann uns Etwas hinsichtlich seiner Form missfallen, das uns an sich selbst angenehm ist; Annehmlichkeit und Unannehmlichkeit einer Sache selbst ist etwas ganz Anderes, als das Gefallen und das Missfallen ihrer Form (und die mit diesem letztern Gefallen oder Missfallen verbundene blos auf die Form bezügliche Annehmlichkeit und Unannehmlichkeit). Und: nicht blos überhaupt verschieden ist das Gefallen und Missfallen der Form der Dinge von ihrer Annehmlichkeit und Unannehmlichkeit; sondern auch der Unterschied findet zwischen Beiden statt, dass der Eindruck der Formen der Dinge allein ein rein ästhetischer Eindruck ist. Annehmlichkeit und Unannehmlichkeit der Dinge ist freilich von sehr grossem Einfluss auf unser ästhetisches Verhalten zu den Dingen, sofern wir nur, was uns angenehm ist, ganz gerne sehen; aber an sich ist Annehmlichkeit und Unannehmlichkeit der Dinge ein dem ästhetischen Verhalten zu ihnen fremdes Element, das nur von aussen her in dasselbe — freilich mit unabweisbarer Macht — hereinwirkt. Erst bei der Form der Dinge handelt es sich wieder um etwas rein Ästhetisches, nämlich um Gefallen und Missfallen, welches lediglich aus dem Anschauen enspringt. Die Formen der Dinge sehen wir; mit diesem Sehen entsteht, ohne dass irgend etwas Anderes dazu mitwirkte, entweder ein Wohlgefallen oder ein Missfallen an diesen Formen, somit ein Wohlgefallen oder ein Missfallen, das lediglich kontemplativer Natur, somit rein ästhetisch ist (S. 20 f.). Auch das „Uneigennützige", dieses für das ästhetische Verhalten wesentliche Moment (S. 4. 7. 14), hat blos dasjenige Wohlgefallen und dasjenige Missfallen, welches auf die Form der Dinge geht, während es sich bei dem Gefühl für Annehmlichkeit und ihr Gegenteil eben um Dasjenige handelt, was sich dem Subjekt als ihm selbst förderlich oder nützlich zu empfinden gibt. Wir haben vorhin (S. 64) bemerkt, dass das Wohlgefallen an einer Form zugleich Annehmlichkeit mit sich führe; allerdings gilt auch das Umgekehrte: was mir angenehm ist, das „gefällt mir" auch; es „gefällt mir" z. B., wenn ich aus unangenehm dumpfer Luft wieder in frische Luft komme, es „gefällt mir", dass sich angenehmer Wohlgeruch um mich verbreitet u. s. f.; aber dieses „Gefallen" hat mit der Form der Dinge nichts zu thun; es kommt blos daher, dass dem Menschen das Angenehme willkommen ist, dass er es dem Unangenehmen vorzieht, und es will nichts Anderes besagen, als eben dieses, dass einem das Angenehme lieb sei, dass man es gerner habe als das Entgegengesetzte. — Wenn ferner vorhin (S. 64) gesagt wurde, die Annehmlichkeit der Dinge für uns und die Wohlgefälligkeit ihrer Form sei etwas „Verschiedenes", so will damit nicht gesagt sein, beide seien etwas Entgegengesetztes. Vielmehr ist der Sachverhalt der: 1) nicht alles Angenehme (z. B. ein Schluck guten Weines) hat auch Formgefälligkeit; 2) ein Angenehmes kann allerdings auch hinsichtlich seiner Form gefallen, und sehr oft ist es auch so (wie wir z. B. S. 74 bei den Farben sehen werden), aber immer ist es nicht so, und das Angenehmste ist nicht immer auch das ästhetisch Gefälligste; 3) das Unangenehme kann trotzdem, dass es uns geradezu weh thut und schmerzt, seiner Erscheinung nach gefällig in hohem Grade sein, wie z. B. Lichtglanz, der uns zwingt das Auge von ihm abzuwenden, oder höher hinauf schmerzliche Dinge, wie sie z. B. das Tragische in sich umfasst.

Statt das soeben Gesagte länger in allgemeiner Weise und nur mit Anführung vereinzelter Beispiele zu besprechen, gehen wir nun sofort über zur speziellen Betrachtung der Sache, und zwar in der Art, dass wir auf die „sinnlichen" (S. 34 ff.) und desgleichen auf die „gemütlichen und geistigen" (S. 45 ff.) Eindrücke der Dinge noch einmal zurücksehen.

Das Wohlgefühl, welches uns (S. 34) das Einathmen frischer Luft oder das Kosten frischen Wassers gewährt, ist zwar ein angenehmer, aber anerkanntermassen noch kein ästhetischer Eindruck. Denn dieses Wohlgefühl besteht blos darin, dass wir durch Wasser oder Luft in einen Zustand, „Erfrischung" genannt, versetzt oder so „affiziert" werden, dass ein Befinden des Erfrischtseins bei uns eintritt, welches uns vermöge der Gesetze unsrer körperlichen Organisation wohlthut. Frische Luft ist uns, weil sie uns dieses leistet, angenehm, und wir haben daher auch ein Wohlgefallen an ihr (S 65); aber dieses Wohlgefallen ist lediglich Folge ihrer Annehmlichkeit für uns; schön (wie wir der Kürze wegen hier gleich voraus sagen können statt ästhetisch wohlgefällig) ist frische Luft nicht (allerdings auch schon deswegen nicht, weil man sie nicht „sieht"). Nicht die Luft, nicht das Wasser als solches ist es, was uns hier gefällt, sondern nur ihre erfrischende Wirkung auf uns, oder, wie man auch sagen kann, der erfrischende Einfluss, welchen sie auf unsern Leib haben; ihr angenehmer „Eindruck" auf uns kommt daher, dass sie einen wohlthuenden „Einfluss" auf uns ausüben. Frisches Wasser kann aber auch noch ganz anders als in dieser Weise Wohlgefallen erwecken. Ist z. B. eine vorher dürre Wiesenfläche von einem Regen heimgesucht worden, so sieht sie frisch aus, und der Anblick dieser Frische kann in uns ein Gefühl des Wohlgefallens erregen, ohne dass wir an unsrem

Körper auch nur die mindeste Erfrischung durch sie verspürten; sie gefällt uns in diesem Falle nicht deswegen, weil sie uns persönlich oder „subjektiv" angenehm wäre, sondern blos, sofern wir sie sehen; eine verdorrte Wiesenfläche andrerseits missfällt uns in derselben Weise, falls wir sie sehen, auch wenn wir selber nicht das Geringste von ihr zu leiden, nicht den kleinsten „Einfluss" dieser Dürre auf unsern „Zustand" oder auf unser „Befinden" zu fühlen haben. Kurz: frisches Aussehen der Dinge gefällt beim Sehen und durch das Sehen; dürres missfällt in derselben Weise; das ist ästhetischer Eindruck, ästhetische Empfindung. Nicht uns, nicht einem in uns durch eine Sache erzeugten Zustande des Wohlbefindens, sondern der Sache, dem „Objekt" und zwar seinem Aussehen gilt hier unser Wohlgefallen; wir geben dem frisch aussehenden Gras den Vorzug eines dem Grase „besser anstehenden" Aussehens als den gegenteiligen, und wir haben daher auch hiefür ein ganz anderes Wort als das Wort „angenehm": wir nennen frisches Gras „schön", dürres Gras „unschön". Ausgeschlossen ist dadurch (S. 64) nicht eine Wirkung der Frische, welche wir erblicken, auf unsere persönliche Empfindung und Stimmung. Was uns beim Sehen gefällt oder als schön erscheint, ist, weil es gefällt, auch angenehm und ruft eine angenehme Stimmung in uns hervor; was schön ist, sieht man auch gerne; aber der Unterschied zwischen ästhetischem und nichtästhetischem Eindruck ist dessungeachtet unwandelbar: genossenes frisches Wasser gefällt uns deswegen, weil es uns angenehm ist, und ist uns deswegen angenehm, weil es uns beim Trinken erfrischt; frisch aussehendes Gras dagegen gefällt uns ohne dass es uns erfrischt blos beim Sehen und ist uns erst deswegen angenehm, weil es uns beim Sehen gefällt oder als schön erscheint; Das ist hier, Jenes ist dort der ursächliche Zusammenhang oder der psychologische Hergang. Der Unterschied zwischen dem ästhetischen und dem nichtästhetischen Eindruck tritt vollends dann ganz bestimmt hervor, wenn wir auf die Ursache des ersteren reflektieren. Frisch aussehendes Gras gefällt uns, weil es „besser" als dürres aussieht, d. h. weil es aussieht, als fehle es ihm nicht an dem zum vollen Leben dieser Pflanze erforderlichen feuchten Element; dürres missfällt uns, weil das Leben ihm auszugehen, alle Lebenskraft in ihm ertötet scheint. Ebenso ist es mit der Reinheit: Unreines Wasser, in welches wir uns tauchen oder das wir gar trinken sollen, widersteht uns, erregt uns Ekel und missfällt uns wegen dieser seiner „subjektiven" Unannehmlichkeit; reines dagegen ist uns für's Baden oder Trinken angenehm und insofern auch gefällig (S. 65). Reines Wasser kann aber auch beim blossen Sehen Wohlgefallen erregen oder uns schön vorkommen und in Folge hievon uns angenehm sein. Ebenso missfällt unreines Wasser beim blossen Sehen, es gewährt einen unschönen Anblick (und ist dann in Folge hievon zugleich auch unangenehm, so dass wir es nicht gerne lang ansehen). Unreinheit ist eine uns missfällige Entstellung des durchsichtig hellen Wasserelements, Reinheit ist eine uns gefällige Erscheinung desselben in ungetrübt vollkommener Helligkeit; deswegen, nicht aber weil sie uns subjektiv angenehm ist, gefällt sie uns „ästhetisch".

Gehen wir weiter zu den Eindrücken des Tastsinns, so finden wir: das Feine, Sanfte, Zarte (S. 37), gefällt uns nicht blos „subjektiv" z. B. im Finstern dadurch, dass es unsre Fingerspitzen nicht verletzt, sondern sie angenehm „afficiert"; es gefällt uns vielmehr auch z. B. bei Tage in Folge davon, dass wir es sehen; es scheint uns da schöner denn alles Grobe und Rauhe, weil es eine weniger noch materiell rohe Form der Zusammensetzung eines Gegenstandes, eines Gesteins, eines Tuchs, eines Leders u. s. f. darstellt; das ist sein ästhetischer Eindruck. Das Weiche (S. 37) gefällt uns nicht blos subjektiv deswegen, weil es unsrem Berühren keinen Widerstand entgegensetzt und so in uns das angenehme Gefühl erregt, mit einem Gegenstande zu thun zu haben, der uns willig nachgibt; sondern es kann uns auch ästhetisch gefallen, sofern ein Gegenstand, dem man seine Weichheit ansieht, weil man ihn (wie z. B. Haut im Gegensatz zum Knochen) als weich kennt, in uns ein Wohlgefallen erweckt an dieser für Einwirkungen anderer Dinge empfänglichen, somit vollkommen bildsamen Struktur oder Stoffgestaltung. Das Harte (S. 38) ist subjektiv nicht specifisch angenehm, weil es auf unsre Tastorgane einen Druck ausübt, der ein leiseres oder stärkeres Unbehagen mit sich führt; dagegen kann es ästhetisch gefallen, sofern eben sein Druck uns an ihm eine Widerstandskraft zu erkennen gibt, welche auch eine in ihrer Art vollkommene Stoffgestaltung ist. Das Weiche andrerseits kann ästhetisch auch missfallen, sofern es in Folge seiner Nachgiebigkeit auch als schwach erscheint, was uns nicht gefällt, weil es ein Defekt, ein Mangel an Kraft ist. Ebenso ist es mit der Glätte (S. 37), sie gefällt, auch wenn wir sie nicht durch die Hautnerven spüren, ästhetisch als Stoffgestaltung, welche eine reine, ebenmässige, durch keine Hervorragungen unterbrochene

Fläche gibt, und sie kann andrerseits ästhetisch missfallen in der Gestalt „glatten" Wesens und Benehmens, an welchem Alles „abgleitet und wirkungslos hinunterläuft". Grobe Textur ist oft missfällig (S. 68), aber auch sie gefällt an kräftigen Naturgegenständen, an Hölzern und Steinen dieser Art; Rauhheit gefällt gleichfalls, physisch und geistig, sofern sie Kraft bedeutet. Das subjektive und das ästhetische Lustgefühl fallen also bei allen diesen Formen nicht notwendig zusammen, zum sprechenden Beweis ihrer Verschiedenheit. Was noch sonstige Eindrücke der niedern Sinne angeht, so kann der der Wärme (S. 68) auch ästhetisch werden, aber erst, sofern „Wärme" nicht mehr blos einen subjektiven Eindruck auf unsre Gefühlsnerven, sondern eine Eigenschaft gewisser Gegenstände bedeutet, welche wir an ihnen zu sehen oder sonst zu erkennen glauben. So nennt man „warme Farben" solche, welche Etwas von der Färbung des Feuers an sich haben, z. B. Orange (Rotgelb), „glühende Farbe" eine solche, welche geradezu feuriger Glut gleicht, das Rot. Diese Farbenwärme und Farbenglut gefällt nicht weil sie uns erwärmt, sondern weil sie, wenn wir sie erblicken, den Eindruck des unbedingt Lebensvollen und Wirkungskräftigen auf uns macht; diesen macht sie, weil sie die Wärme des Feuers, von der wir wissen, dass sie belebt, und die Glut, von der wir wissen, dass sie die unwiderstehlichsten und zerstörendsten Wirkungen ausübt, uns im Bilde darstellt. Der „subjektive" und der ästhetische Eindruck fallen auch · hier gar nicht zusammen; dem Tastorgan, dem Lebensgefühl ist Glut schmerzlich und furchtbar, ästhetisch aber gehört sie zum Anziehendsten, was es gibt. „Eindrucksvoll" ist Glut sowohl „subjektiv" als ästhetisch; „gefällig" aber ist sie nur ästhetisch. Ausserdem kann Wärme und was mit ihr zusammenhängt auch noch in höherer Instanz ästhetisch sehr bedeutend werden. „Wärme des Herzens, Wärme der Rede, der Behandlung eines Gegenstandes" gefällt; denn sie ist soviel als volle innere Beteiligung eines Menschen an Dem, was an ihn kommt, und an Dem, was er selber vornimmt, „volle innere Beteiligung", welche Ähnlichkeit hat mit dem Durchdrungensein des ganzen Organismus vom physischen Wärmegefühl (und deswegen selbst „Wärme" genannt wird). Diese Vollbeteiligung „gefällt" oder ist schön, weil sie nicht mangelhafte, sondern vollständige Verwendung der lebendigen Empfänglichkeit, mit welcher der Mensch die Dinge anfassen kann, oder weil sie „vollkommenes Dabeisein des Menschen" in Dem ist, womit er's zu thun hat. „Kühle" des Herzens dagegen missfällt, weil sie Gleichgültigkeit des Menschen gegen Etwas, das ihm nicht gleichgültig sein sollte, bedeutet und daher mangelhafte Verwendung der „Empfänglichkeit" ist; noch mehr missfällt „Kälte", weil sie soviel als Verschlossenheit, somit völlige Aufhebung der Empfänglichkeit ist, die dem Menschen nicht fehlen sollte. Andrerseits kann „Kühle" auch gefallen, sofern sie gegenüber unbesonnener und unzähmbarer „Hitze" der Leidenschaft soviel ist als besonnene Ruhe, die dem Menschen als Menschen wohl ansteht, und selbst „Kälte" kann gefallen, sofern sie eine imposante Vollkommenheit, nämlich Unerschütterlichkeit gegenüber unberechtigt zudringlichen Anforderungen bedeutet. Ferner gefällt „kühle Färbung" bei Gegenständen, die in ruhiger Stimmung, nicht aber in schreienden Farbetönen, welche dieser Stimmung zuwider wären, dargestellt zu werden verlangen, wie z. B. eine Spätabend-, eine Herbst-, eine Winterlandschaft. Leichtigkeit (S. 36) gefällt uns nicht blos, weil wir Leichtes leicht, somit in angenehmer Weise aufheben und forttragen können; sondern sie gefällt uns auch ästhetisch, weil mit ihr einem Körper Fähigkeit zu ungehemmtem Sichbewegen gegeben ist; Schwere missfällt subjektiv (S. 36), aber sie gefällt ästhetisch, sofern sie eine Stoffgestaltung ist, welche Widerstands- und Wirkenskraft hat. Flüssigkeit (S. 38) gefällt ästhetisch als leichte Beweglichkeit; Trockenheit gefällt ästhetisch bei Gegenständen, denen Feuchtigkeit nicht angemessen ist, sie missfällt aber bei andern, denen Feuchtigkeit nicht fehlen soll (Pflanzenblätter, tierische und menschliche Haut); geistig gefällt sie ähnlich wie die Kühle, wenn sie darin besteht, dass z. B. die Art eines Menschen sich zu äussern frei ist von allem Zuguss unnötig empfindsamen „Brei's", wogegen sie missfällig ist, wenn sie Empfindungslosigkeit und Begeisterungsunfähigkeit bedeutet (S. 52). Zähigkeit gefällt ästhetisch, wenn sie soviel als tüchtige Beharrlichkeit bedeutet, sie missfällt aber auch, wenn sie Bild ist für gar zu unbewegliches „ledernes" Wesen. Elasticität (S. 39) gefällt ästhetisch als Kraft, die auch durch Widerstände nicht besiegt wird, sondern sich immer neu herstellt. Das Lockere (S. 39) kann auch ästhetisch gefallen, sofern es fein, leicht, beweglich ist; es kann ästhetisch aber auch missfallen, wenn mit ihm Mangel an Konsistenz und Koncentrierung gemeint ist. Bei Ruhe und Bewegung (S. 35 f.) sind die ästhetischen Eindrücke verwandt mit den „subjektiv" annehmlichen, aber aus andern Ursachen. Ruhe gefällt in gar mannigfaltigen Fällen: eine Landschaft scheint uns dazuliegen „in schöner Ruhe", das Gebirg ist uns ein

Bild „edler Ruhe", Ruhe des Gemüts und des Benehmens kann hohes Wohlgefallen erregen, wogegen unruhiges Wesen in verschiedensten Gestalten höchst missfällig zu werden im Stande ist. Andrerseits gefällt aber auch Bewegung; keines der beiden, Ruhe und Bewegung, möchten wir ästhetisch entbehren. Jene ist schön, weil sich in ihr uns darstellt das eine Mal eine nach keiner Veränderung strebende und nichts ausser ihr störende vollendete Befriedigtheit der Existenz, das andere Mal ein durch nichts aus dem Gleichgewicht zu bringendes vollkommenes Beharren in sich selbst; diese aber, die Bewegung, ist schön, weil in der Bewegung Leben sich zu regen oder eine irgendwo vorhandene Lebenskraft sich in Aktivität zu setzen scheint und somit unser Wohlgefallen an solcher Kraftbethätigung erwacht.

Die Eindrücke der Dinge auf den Geschmack- und Geruchsinn (S. 39 f.) haben, wie bekannt, direkt keine ästhetische Bedeutung, da sie nichts zu sehen, sondern blos subjektive Affektionen zu empfinden geben, die wir wohl fühlen, aber nicht in Anschauungen auflösen oder verwandeln können. Wohl sagt man: „übler Geruch ist sehr unästhetisch"; man will aber damit nicht sagen, er sei unschön, sondern nur diess, er passe nicht herein ins Reich der ästhetischen Stimmung, sofern Alles, was Ekel erregt, sie, welche auf Empfinden reinen Wohlgefallens geht und auf ihm beruht, nur stören und verderben kann. Erst indirekt, in uneigentlichem Sinn, haben das „Scharfe" und das „Herbe", das „Feine" und das „Würzige", das „Süsse" und das „Schmelzende" ästhetische Bedeutung, sei's im akustisch-musikalischen Gebiet (S. 41), oder auch noch in andern Gebieten, in denen wir diese Bezeichnungen gebrauchen, wenn wir z. B. von Feinfühligkeit eines Menschen, von der Würze des Humors sprechen. Noch eine andere uneigentliche Anwendung von Worten, welche ursprünglich der Sphäre der Geruchsempfindung angehören, machen wir dann, wenn wir sagen: „reiner Wohlgeruch weht uns an aus dem Werke eines Dichters", desgleichen, wenn wir von einem Gedichte sagen: „es ist geruchlos", „es ist kein Duft in ihm". Der „reine Wohlgeruch" ist Bild der Freiheit eines Geisteswerks von Allem, was die Reinheit der Stimmung stören könnte durch Unreinheit sei's der Sachen sei's der Worte, und Erfülltsein des Ganzen von vollkommen anziehendem Gehalt bis ins Einzelnste hinein. Der Tadel der „Geruchlosigkeit" besagt, dass es einem Gedichte vielleicht zwar an Inhalt, an Gedanken, an Korrektheit, an kunstvoller Ausführung nicht fehle, wohl aber an der Fähigkeit oder Kraft zu irgendwelchem bestimmten und dadurch voll anregenden Eindruck auf die Empfindung (wie ihn der „Geruch" einer Blume u. s. w. hervorbringt); der Tadel „es hat keinen Duft" spricht ihm alle Fähigkeit ab eine höhere Stimmung zu bewirken, sofern er nämlich sagen will: es kommt uns aus diesem Gedichte nichts entgegen, was uns erfrischend und belebend in die Sphäre der Phantasie wirklich emporhöbe (wie ein uns anwehender Duft unsre Lebensgeister erquickt und ihnen wieder Schwung verleiht). Dass „Fadheit und Schalheit", höher hinauf „Abscheulichkeit und Ekelhaftigkeit" teils ethische teils auch ästhetische Widerlichkeit bedeuten, dass man mit „pikant" bald die erfreuliche Eigenschaft des ungewöhnlich scharf Treffenden, bald die unerfreulichen Eigenschaften teils des Berührens von Dingen bezeichnet, die nicht durch „Wohl-", sondern durch „Übelgeruch" scharf wirken, dass es nicht blos beizende und gepfefferte Speisen, sondern auch Satiren dieser Gattung gibt, diess Alles braucht kaum angemerkt zu werden; vom „Fuselgeruch" ist bereits (S. 40) die Rede gewesen. Sehr wichtig für das ästhetische Gebiet ist (in manchen Sprachen) das Wort „Geschmack" geworden. Und zwar in einer doppelten, einer allgemeinern und einer speciellern Bedeutung. Von der erstern ist bei der Besprechung des dem Menschen Angenehmen und Unangenehmen schon wiederholt (S. 40. 42. 45) die Rede gewesen; „Geschmack" in diesem allgemeinern Sinne bedeutet die individuelle Empfänglichkeit für Lust und Unlust, die natürliche Neigung des Individuums an Diesem oder Jenem Lust zu finden, eine Neigung, welche bei dem einen so, bei dem andern anders sein kann (S. 61 f.). „Jeder Mensch hat", das Wort in dieser Allgemeinheit genommen, „seinen eigenen Geschmack". Es hat sich aber auch eine speciellere Bedeutung des Worts herausgebildet, welche das gerade Gegenteil der erstern ist. Man versteht nämlich unter „Geschmack" auch die Fähigkeit eines Menschen, wie über gut und ungut Schmeckendes so auch über das, was schön und nicht schön sei, richtige Empfindung und richtiges Urteil zu haben, nicht Schönes für unschön, Unschönes für schön zu halten, überall das Schöne und das Unschöne herauszufinden. Von dem Geschmack in diesem Sinne, sowie von seinen Gegensätzen der Geschmacklosigkeit u. s. f. wird später die Rede sein.

Gehen wir weiter zum Gehörsinn (S. 40 ff.), so tritt uns hier zunächst die Thatsache entgegen, dass angenehme und unangenehme akustische Eindrücke meistens zugleich auch ein ästhetisches Wohlgefallen und Missfallen mit sich führen. Kräftige, wie andrerseits leise, feine, zarte, weiche,

milde, desgleichen helle und klare, reine und harmonische Töne
gefallen. „Kraft" ist, wie wir schon mehr fanden (S. 86 ff), eine Erscheinung,
die wohlgefällt, weil sie ein Vorzug, eine zur Vollkommenheit der Existenz
beitragende Eigenschaft ist, und deswegen gefällt der starke Ton, ein zu
schwacher dagegen missfällt, weil er den Eindruck des Mangelhaften, des nur
unvollkommenen Herauskommens eines wirklichen Klingens macht. Dessungeachtet aber gefällt auch das „Leise, Feine, Zarte" u. s. w. des Tönens,
sofern in ihm eine Klangwirkung vernehmlich wird, welche möglichst wenig
Materielles an sich zu haben und schon fast geistiger, somit jenem gegenüber höherer oder vollkommenerer Art zu sein scheint. Das „Weiche
und Milde" des Tons gefällt, weil Kraft, welche sich ermässigt und gerade
durch diese ihre Ermässigung diese eigentümliche und bedeutende Wirkung,
die wir Weichheit u. s. f. nennen, hervorbringt, auch eine Erscheinung im
Reiche des Dynamischen ist, der wir Beifall zollen; das „Helle und Klare"
gefällt, weil es nicht getrübt ist durch dumpf mittönende Nebengeräusche, das
„Reine", weil der Ton nicht gefälscht ist durch unharmonisch mitklingende
Nebentöne, das „Harmonische", weil da zwei, drei und mehr selbstständige
Töne uns erklingen als einander nicht widerstrebend, sondern mit einander zu
widerstreitloser Vereinigung zusammengehend; solches „Zusammengehen" mehrerer Töne gefällt, weil wir überhaupt „Frieden dem Streit", ungestörtes Zusammenwirken verschiedener Dinge, durch welches ein grösseres und wohlzusammenhaltendes Ganzes aus ihnen entsteht, ihrem Wirken gegen einander,
das sie sich zu fliehen zwingt und sie zersplittert, als das Vollkommenere
vorziehen. Auf der andern Seite ist aber auch Folgendes nicht zu bestreiten: physisch wehthuende Schallwirkungen, wie ein geradezu entsetzlicher
Knall, ein das Ohr unerträglich quälender Gewitter- oder Kanonendonner, sind
uns erhaben schön trotz ihrer Unannehmlichkeit, und selbst rechtzeitig wieder
gelöste Dissonanz spricht an durch die dumpfe, aber intensiv kräftige Spannung, in welche hier die Klänge wider einander versetzt sind; nur in Betreff
lärmenden und kreischenden Durcheinanders stimmt der ästhetische Eindruck
mit dem subjektiven Unlustgefühl zusammen, weil unharmonische Verworrenheit desto mehr missfällt, je stärker sie sich irgendwo zu vernehmen gibt.
Stille wirkt nicht blos subjektiv abspannend und beruhigend (S. 43), sondern
sie gefällt auch wie alle Ruhe (S. 71), und es kann sich mit ihr zugleich der
wohlgefällige Eindruck des Erhabenen verbinden. Die übrigen (S. 41 f. ange-

10

führten) Toneindrücke brauchen wir im Einzelnen nicht weiter zu verfolgen, da bei ihnen die Coincidenz des Angenehmen und des Formgefälligen, sowie das Gegenteil von selbst ins Auge fällt.

Im Gebiete des Gesichtsinns (S. 42 ff.) tritt wieder Dasselbe auf, was wir vorhin beim Gehöre fanden, dass ein subjektiv unangenehmer starker optischer Eindruck ästhetisch doch gefällt. Wir schliessen rasch das Auge, wenn wir es uns einmal beigehen liessen, in die Sonne schauen zu wollen, wir schaudern vor dem Gedanken, in die Nähe dieser furchtbaren Lichtmasse zu geraten, wir wissen, dass wir sie nicht ertragen könnten; aber wir gestehen dessungeachtet, solche ungeheuer volle Lichtkraft sei herrlich schön, nur wir sind ihrer Macht nicht gewachsen. Das Licht selbst aber hat für uns nicht blos wohlthuende Wirkungen (S. 43), es gefällt uns auch hievon ganz abgesehen als überallhin sich ausdehnende und überallhin vollen Schein des Lebens spendende Kraft. Unter den Farben (S. 44) ist Grün subjektiv die angenehmste, weil sie auf das Auge wohlthuend und heilsam wirkt, es ist subjektiv weit angenehmer als Rot, Gelb und Blau, aber darum ist es nicht schöner als diese: die intensive Stärke des Rot, die Majestät des Gelb, die zarte und doch durchdringende Leuchtkraft des Blau sind ästhetisch sogar noch bedeutender, als die etwas schwache und bescheidene Ruhe des Grün. Und umgekehrt: Rot bleibt uns schön, auch wenn es uns unangenehm wird, wenn z. B. ein Abendrot angreifend auf unser Auge wirkt; man sagt, in einem rot ausgeschlagenen Wohnraume könne man es nicht lange aushalten, weil diese Farbe viel zu aufregend wirke, unschön aber wird ein Zimmer mit rotbemalten Wänden Niemand finden. Das Auge offenbart uns (s. S. 44 f.) nicht blos die Beleuchtung und Färbung, sondern auch die Umrisse, die Gestalt, die Zahl, die Grösse, die Bewegung der Dinge. In diesen Beziehungen treffen, wie von selbst erhellt, die Annehmlichkeitseindrücke mit den ästhetischen meist zusammen; doch findet z. B. der Unterschied statt, dass langsame Bewegung ästhetisch durch ihre Ruhe sehr wohl gefallen kann, und dass ebenso andrerseits der höchste Grad rascher Bewegung ästhetisch eine Kraftäusserung darstellt, welche gefällt, wenn man ihr auch mit dem Sehorgan kaum mehr folgen kann, sondern die unangenehme Empfindung des Schwindels von ihr erregt wird.

Reiz für die Einbildungskraft und Phantasie hat, wie wir S. 52 fanden, das Unendliche und Alles, was mit ihm verwandt ist; damit trifft unser ästhetisches Wohlgefallen zusammen, da Unendlichkeit eine Qualität ist,

welche höchster Vollkommenheit gleichkommt. Wenn auf der andern Seite
der Verstand (S. 55) Klarheit, Durchsichtigkeit, Einfachheit, Ordnung, Zusammenhang, Zweckmässigkeit liebt, so stimmt auch mit ihm das ästhetische
Urteil überein. Es gibt diesen Eigenschaften der Dinge auch von sich aus
Beifall: es hält Klarheit für einen Vorzug oder eine Vollkommenheit des
Denkens und Redens, Unklarheit für einen Mangel, weil sie in der That das
Denken vernichtet und das Reden vergeblich macht; es billigt Einfachheit,
weil sie zur Klarheit beiträgt, und weil sie im Gegensatz zu leerer Ziererei
etwas Tüchtiges ist; es billigt Ordnung, weil sie in allen Dingen bessere Wirkungen hat als Unordnung; es billigt Zusammenhang im Denken, weil zusam-
menhangsloses Denken in der That kein Denken ist, es billigt Zusammenhang der Begebenheiten und Ereignisse, weil durch ihn das Einzelne zu einem
in sich inhaltreichen Ganzen sich zusammenfügt; es billigt Zweckmässigkeit,
weil es Zusammenhang billigt, und weil Zweckmässigkeit eine Tüchtigkeit oder
Vollkommenheit ist, welche Etwas zu leisten vermag. Dem sei's höhnischen
sei's humoristischen Lachen des Verstandes über Verkehrtheit jeder Art (S. 55)
stimmt das ästhetische Urteil gleichfalls bei: es missbilligt jeden Unsinn, entschuldigt ihn aber auch, wenn er nicht gefährlich, nicht traurig und beklagenswert oder sonst unschädlich ist, und es hat nichts dagegen, dass solche harm-
lose Verkehrtheit auch zum grossen Ganzen der Dinge gehört, sondern betrachtet sie beifällig als eine Bereicherung der Welt, ohne welche diese weniger
vollkommen wäre. Die intellektuellen Vollkommenheiten (S. 56), darunter auch
den Witz, billigt es ohnediess, eben, weil sie zu Demjenigen, woran es überhaupt Wohlgefallen hat, zum „Vollkommenen", gehören und eine ganz besonders hohe Stellung innerhalb desselben einnehmen.

Nicht ganz so einfach wie bei dem, was den Verstand angeht, verhält
sich die Sache bei denjenigen Dingen, mit welchen das Gemüt zu thun hat.
Zwar das ist eine allbekannte, keiner nähern Beweisführung bedürftige Thatsache,
dass diejenigen Eigenschaften eines Menschen, die ihn unsrem Gemüt „sympathisch" machen, dass ebenso alles Andere, was das Gemüt als ihm wohlthuend
empfindet (S. 57 f.), auch ästhetisch wohlgefällt; wer möchte z. B. der Mildig-
keit, Holdseligkeit, Anmut nicht zugestehen, dass sie schöne Eigenschaften sind,
indem sie eine Glorie vollgewinnender Erscheinung um den Menschen breiten?
wer möchte leugnen, dass Glückseligkeit, sofern sie harmonische Einstimmung
ist zwischen Dem, was der Mensch innerlich bedarf, und Dem, was das Schick-

sal ihm bereitet, schöner ist, als ihr Gegenteil: ebenso Güte, Liebe, weil sie alles den Frieden der Seele mit sich selbst und mit der Welt Störende von ihr fernhalten und überallhin harmonisch fördernd thätig sind. Anders dagegen ist es mit gewissen Dingen, welche uns zwar betrüben und schmerzliche Teilnahme in uns erregen, welche aber zugleich etwas Grossartiges, etwas Hochernstes an sich haben, d. h. mit denjenigen Bedrängnissen und Missgeschicken, welche wir beklagenswert oder tragisch nennen. Sie sind ästhetisch nicht widrig; das Gemüt flieht vor ihnen zurück (S. 58), aber die ästhetische Betrachtung findet sie um so grossartiger, je schwerer der Ernst der Thatsache ist, dass hier Glückseligkeit, dieses Erste und Höchste, durch eine stärkere ihr überlegene Gewalt zerstört oder doch mit dem Untergang bedroht wird. Alles Tragische ist als solches schön durch diese Vollgewalt der Vernichtung, welche in ihm zu Tage tritt, obwohl wir es „subjektiv" lieber im Bilde als in der Wirklichkeit anschauen, weil bei dem Betrachten des blossen Bildes das schmerzende Mitgefühl, welches wirkliches Unglück in uns erregt, zurücktritt und nur ganz leise sich äussert (S. 64).

Im Gebiet des Sittlichen (S. 60) ist das Verhältnis dasselbe, wie bei demjenigen, was das Gemüt angeht. Geringe und gemeine Schlechtigkeit ist uns auch ästhetisch zuwider; aber Bosheit, welche mit Kraft gepaart ist, zieht ästhetisch an; „Rache zum Beispiel", sagt Schiller am Schluss seiner Abhandlung über das Pathetische, „ist unstreitig ein unedler und selbst niedriger Affekt; nichts desto weniger wird sie ästhetisch, sobald sie dem, der sie ausübt, ein schmerzhaftes Opfer kostet; für das Interesse des Dichters ist es eins, aus welcher Klasse von Charakteren, der schlimmen oder guten, er seine Helden nehmen will, da das nämliche Mass von Kraft, welche zum Guten nötig ist, sehr oft zur Konsequenz im Bösen erfordert werden kann". Das ästhetische Wohlgefallen am Bösen ist freilich stets ein gemischtes. Nur das sittlich Gute gefällt ganz und rein, und es gefällt über Alles, weil es (s. ob.) die allerhöchste Vollkommenheit ist, welche es überhaupt im Reich des Existirenden geben kann; darum ist selbst die kraftvollste Bosheit ästhetisch nicht rein anziehend; im Gegenteil: wir fordern als unweigerliche Bedingung unsres Wohlgefallens an einem bösen Charakter, dass das Sittliche gegen das Widersittliche in sein Recht wiederum eingesetzt, dass die Schuld „gesühnt" werde, sei es durch gerechte Strafe oder durch Busse und Bekehrung. Aber ästhetisch, namentlich in blossem Bilde (S. 64), sehen wir das kraftvoll Böse anders an, als vom blos ethischen Gesichtspunkt aus, weil Kraft auch eine „Vollkommenheit" ist, wenn auch an sich selbst und vollends wenn sie sich dem Schlechten weiht eine weit kleinere und weniger beifallswerte, als die sittliche Gesinnung es ist.

Nachdem im Bisherigen das Verhältnis des ästhetischen Wohlgefallens und Missfallens zu dem Gefühl des Angenehmen und Unangenehmen besprochen wurde, ist es nun Zeit, das erstere selbst auf sein Wesen genauer anzusehen.

Ästhetisch gefällt, wie sich in der Erörterung S. 67 ff. überall ergeben hat, stets eine solche Erscheinung, ein solches Aussehen, eine solche Gestaltung oder Form [1]) eines Dings, welche bei der Anschauung desselben irgend-

———- -

1) Das Fremdwort „Form" reicht nicht für Alles zu, um was es sich bei dem ästhetischen Wohlgefallen und Missfallen handelt. Grosse gefällt; aber man kann sie nicht gut eine Form des Gegenstandes nennen; Rundheit eines Bergs ist „Form" („Gestalt"), Grösse nicht. Eine Farbe gefällt; aber „Form" ist sie nicht, sondern sie gehört zur „Erscheinung", zum „Aussehen" eines Gegenstandes. Das Wort „Gestaltung" dagegen ist umfassender; Grösse z. B. ist auch „Gestaltung". Auch von „harmonischer Gestaltung" eines Tonwerks, eines Farbenensembles kann man besser reden, als von „harmonischer Form" solcher Gegenstände. Meist nur bei Organismen, Geräten und drgl. sprechen wir von harmonischer Form. Das Passende ist je nach Erforderniss des Zusammenhangs bald den einen, bald den andern Ausdruck (und ebenso die parallelen Worte „Erscheinung, Aussehen") zu gebrauchen. Das von Einigen verwendete Wort „Formverhältnis" lässt sich auch vielfach gut verwenden; Grösse z. B. kann als Formverhältnis bezeichnet werden. Dagegen Kraft schon nicht mehr; wohl aber kann sie eine (einem Ding eigene, es zu gewissen Wirkungen befähigende) „Gestaltung" seines Wesens, seiner stofflichen Struktur u. s. f. genannt werden.

„In seiner Sprache reden ist eines der höchsten Bildungsmomente; ein Volk gehört sich; die Fremdartigkeit, bis auf die lateinischen Lettern, hinaus!" schrieb Hegel im Anfang des Jahrhunderts (Rosenkranz, Leben H.'s S. 551; ebenso später (Vorrede zur Logik Werke III, 11 f.: „es ist der Vorteil einer Sprache, wenn sie einen Reichtum an Ausdrücken für die Denkbestimmungen besitzt; die deutsche Sprache hat darin viele Vorzüge vor den andern modernen Sprachen; es sind wohl aus fremden Sprachen einige Wörter aufzunehmen, welche jedoch durch den Gebrauch bereits Bürgerrecht in ihr erhalten haben". Abgesehen vom nationalen Moment ist es aber auch für die Wissenschaft von grosser Wichtigkeit, dass man nicht Knecht des Worts sei, d. h. dass man nicht durch unbesehenes Aufnehmen eines vielgebrauchten Wortes sich selber die Möglichkeit verschliesse, die Sache, um die es sich handelt, vollständig und richtig zu denken. So ist es mit dem Wort „Form": es ist zu eng für den ganzen Umfang der ästhetischen Gestaltungs-Verhältnisse, und wer in ihm befangen ist, wird ebendarum diesen ganzen Umfang nicht erkennen. Nicht mit überlieferten, erstarrten, todten Worten, sondern in lebendigen, aus Anschauung der Sache selbst

wie den Eindruck einer **Vollkommenheit** auf uns macht. Das Wort Vollkommenheit hat im Sprachgebrauch zwei Bedeutungen, eine engere und eine
weitere. **In engerem Sinn** bezeichnet man mit ihm dieses, dass einem
Wesen nichts von Dem fehle, was von Natur zu seiner Eigentümlichkeit gehört oder „was es haben soll": „vollkommen" ist der Baum, welcher Wurzeln,
Stamm, Äste, Zweige, Blätter hat, und bei welchem keiner dieser Teile ver-
kümmert oder gar verkrüppelt ist, (physisch) „vollkommen" ist der Mensch,
bei dem alle Organe entwickelt und in gutem d. h. zu ihren Funktionen zu-
reichendem Zustande sind. Auch das bezeichnet man mit „Vollkommenheit",
dass ein Wesen Alles ist, was es von Natur sein **kann**; der Mensch ist (geistig)
vollkommen, der nach allen Seiten Alles geworden ist oder aus sich gemacht
hat, was er kraft seiner Anlagen erreichen konnte. Das Wort „Vollkommenheit" (und ebenso die entsprechenden Worte anderer Sprachen) hat aber auch
noch einen **weitern oder allgemeinern, weniger strikten Sinn**:
es bezeichnet eine Beschaffenheit oder Eigenschaft, welche einem Dinge wohl
ansteht, ihm keinen Eintrag thut, sondern eher dazu beiträgt, das Sein und
das Bestehen des Dings zu vermehren, zu verstärken, zu erhöhen. In diesem
weitern Sinne ist z. B. **Grösse** eine „Vollkommenheit": der grosse Gegenstand
nimmt viel Raum ein, umschliesst viel Masse in sich, und dadurch hat er ein
ganz anderes Sein und Bestehen, als der geringe und beschränkte, er ist nicht
so leicht wie dieser zu übersehen, zu beseitigen, zu vernichten, er hat Selbst-
genüge der Existenz. Ebenso ist **Kraft** eine „Vollkommenheit"; denn sie befähigt das Wesen, das sie besitzt, zu Thätigkeiten und Wirkungen, welche das

geschöpften Begriffen muss man philosophieren und erst von diesen Begriffen aus auch die Bezeichnung durch das Wort suchen und finden. Vor Ersterem sollte man sich schon durch Mephistopheles warnen lassen:

Schüler.
Doch ein Begriff muss bei dem Worte sein.
Mephistopheles.
Schon gut! nur muss man sich nicht allzu ängstlich quälen;
Denn eben, wo Begriffe fehlen,
Da stellt ein Wort zur rechten Zeit sich ein.
Für den Fall, um welchen es sich hier handelt, wäre die Warnung etwa so zu fassen:
Der Begriff muss **vor** dem Worte sein,
Nicht umgekehrt!
Denn wo das Wort den Sinn bethört,
Stellt der Begriff sich niemals ein.

Kraftlose nicht ausüben konnte; Kraft „macht Etwas, etwas Ganzes und Rechtes" aus dem Dinge, dem sie inwohnt, verleiht ihm eine gewisse Höhe des Daseins. Wohlverhältnis der Körperteile eines Menschen unter einander ist eine „Vollkommenheit": denn es ist da nichts zu gross und nichts zu klein in Vergleich zum Ganzen und Einzelnen, die Nase z. B. nicht zu gross und nicht zu klein gegenüber der ganzen Gestalt und gegenüber den ihr zunächst liegenden Einzelteilen, als da sind Stirne, Auge, Mund; die zu kleine Nase ist ein Mangel, ein Defekt, welcher den Vollbestand dieses Körpers, dieses Gesichts schmälert, die zu grosse ist ein Überschuss, welcher Körper und Gesicht mit einer ihnen überflüssigen Grösse eines einzelnen Gliedes und mit einem einseitigen, die andern Gesichtsteile in Schatten stellenden, ihnen somit Eintrag thuenden Hervortreten desselben behängt und behelligt; proportionirte Nase dagegen ist eine körperliche Vollkommenheit, sie ist „recht", sie stimmt zum Übrigen. Harmonie ist „Vollkommenheit": ein gar zu dunkel gefärbter Vordergrund oder ein grosser dunkler Fleck in einem im Ganzen hell gehaltenen Gemälde ist ein Mangel, eine Unvollkommenheit desselben, weil da Hell und Dunkel unvermittelt neben einander stehen und hiedurch das Ganze spalten in zwei entgegengesetzte Teile, welche auf diesem Einen Raum unverträglich mit einander scheinen; zudem beeinträchtigt das Dunkel die Helligkeit des Ganzen oder steht ihr störend zur Seite, die Helligkeit ihrerseits lässt das Dunkel düsterer erscheinen, als es erschiene, wenn die Helligkeit nicht dabei wäre; ja das Dunkel kann geradezu wie ein Schmutzfleck aussehen, der in das Gemälde hineingesetzt ist; ein solches Gespaltensein des Ganzen in unverträgliche und einander schadende Teile zerreisst es und beraubt es damit der Eigenschaft, die es doch beansprucht, der Eigenschaft wirklich Ein Ganzes zu sein. Akustische Disharmonie ist gleichfalls unvollkommene Tongestaltung; der dissonirende Akkord ist ein Zusammenklang, aber ein Zusammenklang, der für unser Ohr ebensosehr Nichtzusammenklang ist und daher gebieterisch seine Beseitigung verlangt, also ein schlechthin unvollkommener Akkord, ein Akkord, der gar nicht auf die Dauer bestehen kann, ein Akkord, dem im Zusammenklang das Zusammenklingenkönnen d. h. die Fähigkeit ein Ganzes mehrerer Töne zu bilden, was er doch will, durchaus fehlt (vgl. S. 73). In derselben Weise verhält es sich mit aller und jeder Reinheit und Unreinheit, sei's im Ton- oder in irgendwelchem andern Gebiete (S. 68. 73). Einheit eines Ganzen zusammen auftretender oder einander unmittelbar folgender Dinge ist „Voll-

kommenheit", weil durch sie ein Ganzes wirklich ein Ganzes ist; Zusammen-
hangslosigkeit dagegen ist eine Unvollkommenheit (z. B. einer Erzählung, einer
Rede), weil sie die Ganzheit vernichtet, weil sie das Ganze in Stücke aus
einander fallen lässt (S. 19). Ebenso aber ist auch Mannigfaltigkeit eine
„Vollkommenheit", weil sie ein in Reichtum, nicht in Dürftigkeit sich dar-
stellendes Sein ist u. s. w. Überall nun, wo uns Etwas, das wir anschauen,
in anschaulicher Weise den Eindruck vollkommener Gestaltung macht oder uns
als vollkommen gestaltet erscheint, entsteht in uns ein Wohlgefallen an dieser
uns erscheinenden vollkommenen Gestaltung; ein solches Objekt ist uns wohl-
gestaltet, wohlgeformt oder schön. Unvollkommene Gestaltung dagegen
missfällt; sie missfällt weniger stark, wenn sie blos Mangel oder Defekt ist,
sie missfällt desto stärker, je mehr sie die Vollkommenheit der Gestaltung des
Gegenstandes aufhebt oder sie geradezu vernichtet und ins Gegenteil verkehrt,
wie z. B. ein grelles Missverhältnis eines Körperteils oder ein entschiedener
Misston oder eine Unreinheit irgendwelcher Art; dieses starke Missfallen
drücken wir durch die Worte „unförmlich", „missgestaltet" und „hässlich" [1]) aus, während wir bei schwächerem Missfallen uns mit den Bezeichnungen
„nicht schön", „unschön" begnügen. Ein Mittleres zwischen „schön" und
„hässlich" ist das unschädlich Verfehlte oder Verkehrte; es ist Unvollkommenheit, aber eine solche, welche zugleich gefällt, weil sie harmlos ist
und so in der That den Vollbestand eines Wesens nicht beeinträchtigt, sondern ihn unberührt lässt (S. 55. 59. 60, wie z. B. eine aus Zerstreutheit hervor-
gehende Verwechslung, die Jemand begegnet, der Würde desselben nicht Eintrag thut und daher Wohlgefallen (mit Heiterkeit verbunden) erregt. Noch
sei aber hier einer andern Gestaltungsweise gedacht, welche Wohlgefallen erregt, nämlich der „Form" im Gegensatz zur Formlosigkeit. Das

---

1) Das Wort „hässlich" gehört ursprünglich nicht in's ästhetische Gebiet, sondern in das
des Unangenehmen; es bezeichnet eigentlich Etwas, das Hass erwecken kann, wie „lieblich" dasjenige, was Liebe zu erregen verdient. Im Sprachgebrauch aber ist „hässlich" ein ästhetischer Begriff geworden. Was wir hässlich nennen, hassen wir nicht (ausser wenn es sich um sittliche Häss-
lichkeit handelt, welcher gegenüber neben dem ästhetischen Missfallen zugleich die ethische Miss-
billigung rege wird), wir sehen es nur mit ganz kontemplativ bleibendem, ruhigem Missfallen an.
Nichts kann bezeichnender sein für den Unterschied des „Ästhetischen" vom „subjektiv Angenehmen
und Unangenehmen", als diese ästhetische Bedeutung, welche das Wort „hässlich", seinem ursprüng-
lichen Sinne ganz und gar entfremdet, im Sprachgebrauch erhalten hat.

Formlose, z. B. der nächste beste Stein, der am Wege liegt, dessen Gestalt aber gar nichts bestimmt Ausgeprägtes hat, oder eine ungestalte Masse durch einander daliegender Felsstücke, oder höher hinauf ein zu bestimmtem Gedankenausdruck nicht gelangendes, um ihn sich nicht kümmerndes oder vergeblich danach ringendes Sprechen, all dieses Formlose missfällt, wogegen „Form" oder „Formhaben" in diesem besondern oder eminenten Sinne, dass es an Bestimmtheit der Gestaltung nicht fehlt, gefällig und daher bereits eine Art von Schönheit ist. Auch hier stehen „Vollkommenheit" und „Unvollkommenheit" einander gegenüber. Das Geformte ist mehr als das Ungeformte; es macht nicht den Eindruck embryonischer Unentwickeltheit, es „schwebt nicht in schwankender Erscheinung", sondern es ist ein vollentfaltetes, zu fester Gestalt erhobenes Ganzes. Die „Form" in dieser Bedeutung des Herausgearbeitetseins zu bestimmter Gestalt ist so wichtig, dass sie geradezu Bedingung und Anfang alles ästhetischen Wohlgefallens ist. Das Formlose macht keinen Eindruck, es regt unser Anschauungsvermögen nicht an, es ist daher ästhetisch mit ihm nichts anzufangen; und erst was „Form" hat kann weitere ästhetisch wirkende Formverhältnisse an sich haben: erst bestimmte Töne und Intervalle ergeben Konsonanz (blosse „Geräusche" geben keine); erst bestimmte Farben geben Farbenharmonie (matte oder verblasste Farben nicht); erst eine Erdmasse von bestimmtem Umriss ist ein Berg, dessen stattliche Grösse mir wohlgefällt. Allerdings kann auch das Unbestimmte gewisser Art gefallen, so z. B. die duftig verschleierte und daher die Umrisse der Berge und anderer Teile der Landschaft nur noch in zartesten Linien durchscheinen lassende Ferne, oder eine „leise", ganz sanft, fast unhörbar erklingende „Weise". Hier liegt das Anziehende darin, dass das materiell Körperliche zu verschweben scheint in's Geistige und das fest Begrenzte ins Unendliche, so dass wir geradezu an die höchsten Regionen alles Vollendeten gemahnt werden, da Geist mehr ist als Materie, Unendlichkeit mehr als Begrenztheit (obwohl diese an sich und im Gegensatz zu nebuloser Verschwommenheit auch eine Vollkommenheit in ihrer Art ist). Ähnlich verhält es sich mit dem Feinen und Zarten (S. 73) und mit dem diesen verwandten Kleinen, Niedlichen, Zierlichen. Dem Kleinen fehlt alle „Vollkommenheit" des Grossen (S. 78), und doch soll es auch Vollkommenheit haben? ist es nicht vielmehr die eigentlichste und leibhafteste Unvollkommenheit? es mag uns subjektiv gefallen (S. 36), aber es ist doch ein unschön schwächliches Ding.

Und doch prangt es überall in Architektur, Tektonik und Kosmetik in Kugel-, Kreuz-, Nadelform als unentbehrliches Ornament, und schon die Natur ziert es mit seinen tausend und aber tausend Diminutivexistenzen in dankbarster, ja unentbehrlicher Weise. Die Sache ist wohl so: Das geistig Kleine gefällt nicht, wie das geistig Grosse, weil Geisteskleinheit ein Defekt ist, aber das stofflich Kleine gefällt, weil es Stoffermässigung, somit eine weniger materielle, eine feinere Existenz ist als das stofflich Grosse. „Form" muss es allerdings haben um gehörig zu wirken, weil es zu wenig Stoff hat, durch dessen Masse es imponiren könnte; aber siehe! gerade damit entwickelt es noch eine Vollkommenheit: die Form erscheint um so konzentrirter und daher bestimmter, sprechender, an je kleinerem Umfang sie auftritt, daher z. B. die ausnehmende Schönheit von Gesichtsprofilen auf antiken Münzen und Gemmen, man hat da fast nur noch Form, kaum mehr Materie. Somit ist auch das Kleine eine Vollkommenheit in suo genere, die z. B. das schwächere „Geschlecht" nicht hindert zugleich das „schönere" zu sein.

Dass dem Menschen Vollkommenheit wohlgefällt, Unvollkommenheit missfällt, ist für ihn nicht etwas Zufälliges; im Gegenteil: gerade Das ist das unterscheidende Wesen der Menschheit, Vollkommenes und Unvollkommenes unterscheiden zu können und Jenem den Vorzug vor Diesem geben zu müssen. Erst dadurch, dass er dies vermag und thut, ist der Mensch „Mensch". Das Tier hat Wahrnehmungsvermögen, Vorstellung, Erinnerung, Gelehrigkeit, Geschicklichkeit, Klugheit; aber Sinn für das Voll-kommene hat es höchstens im Gebiete des Essens und Trinkens, sofern es eine ihm wohl und eine ihm schlecht schmeckende Nahrung unterscheidet und die erstere lieber hat; schon der Sinn für Wohlgeruch und der Widerwille gegen dessen Gegenteil ist dem besten Riecher unter den Vierfüsslern, dem Hunde, sehr versagt. Ob man nun diesen Sinn des Menschen für das Voll-kommene und für seinen Vorzug vor dem Unvollkommenen von der ihm ver-liehenen Intelligenz ableiten will, sofern sie nämlich nicht als „Verstand" (S. 52) die Dinge blos erkennt, sondern ihren Wert beurteilt, nach welcher Seite man sie als „Vernunft" bezeichnen kann (was z. B. meine Ansicht ist), oder ob man es vorzieht, ein eigenes Gefühl für das Vollkommene im Menschen anzunehmen (ähnlich, wie Manche ein besonderes Rechtsgefühl, ein besonderes sittliches Gefühl im Menschen statuiren), diese Frage ist für die Ästhetik gleichgültig, da sie nicht Ort und Zeit und nicht Beruf hat, Probleme der

Anthropologie zu untersuchen. Dass aber das ästhetische Wohlgefallen Demjenigen gilt, was uns anschaulich als vollkommene Gestaltung entgegentritt,
das lehrt die Analyse jedes einzelnen ästhetischen Eindrucks und Urteils, wie
solche im Obigen (S. 78 ff.) unternommen worden ist. Entweder muss man
das ästhetische Gefühl für unerkennbar erklären, oder wird man immer den
Begriff des Vollkommenen als die gemeinsame Wurzel aller seiner Aussprüche
erkennen. Das Prädikat der Wohlgefälligkeit, der Schönheit ist ein Vorzug,
den wir einem Gegenstande in Betreff seiner Gestalt zuerkennen; in was
Anderem liegt dieser „Vorzug", als darin, dass wir in seiner Gestaltung eine
vollkommene Erscheinung, eine Manifestation, eine Offenbarung irgendwelcher
Vollkommenheit wiedererkennen? Und: die Thatsache, dass im Anschauen
des Schönen die ästhetische Schauenslust sich vollendet, dass sie
vor Allem am Schönen hängt, für das Schöne sich begeistert, während sie
Anderem nur eine flüchtigere Aufmerksamkeit schenkt, diese Thatsache erklärt sich allein dadurch, dass uns im Schönen nichts Anderes gegenübertritt,
als Vollkommenheit. Den Gedanken des Vollkommenen legen wir als höchsten
Masstab unseres Urteils an Alles an, was wir vorfinden; nur dem Vollkommenen gestehen wir im Grunde unseres Innern ganzes und wahres Recht zum
Dasein zu; nichts Anderes wollen wir, als dass Vollkommenes überall sei.
Diesem höchsten Begehren und Sehnen, dem nach dem Vollkommenen, kommt
das Schöne oder was uns als solches erscheint, in mannigfaltigster Gestalt
überallher, entgegen; darum gewährt es die höchste Lust des Schauens, welche
möglich ist.

Ist „wohlgefallende Gestaltung" und „Schönheit" ganz dasselbe?
oder ist ein Unterschied zwischen beiden Bezeichnungen vorhanden? Die Be-
antwortung auch dieser Frage ist unumgänglich behufs einer vollständigen
Erörterung des ästhetischen Gefühls.

Wer Etwas, z. B. eine Blume, eine Jungfrau, „schön" findet und nennt,
der wird demselben gewiss auch das Prädikat wohlgefallender Gestaltung, z. B.
wohlgefallend blühenden Aussehens, wohlgefallend schlanken Wuchses u. s. f.,
erteilen; was ich einmal für „schön" erkläre, das hat mein unbedingtes Wohlgefallen. Wie ist es nun aber umgekehrt? Was mir nach Erscheinung u. s. w.
wohlgefällt, ist Das immer und sofort auch „schön"? d. h. getraue ich mir,
jeden mir ein Gefallen seiner Form einflössenden Gegenstand mit voller Ge-

11*

wissheit und Sicherheit auch „schön" zu nennen? Diese Frage ist zu verneinen. Und zwar in zwei Beziehungen.

Eine mir entgegentretende Formgestaltung kann mir „gefallen", und doch fehlt mir noch etwas dazu, sie als schön bezeichnen zu können. Zum Beispiel: ich komme in eine Stadt, in welcher eben viel gebaut wird, und ich sehe da zuerst Massen von Erde, Sand und Steinen umhergestreut in wüstem Durcheinander daliegen; so weit ich Solches sehe, wird in mir kein ästhetisches Wohlgefallen, sondern eher und je länger ich es sehen muss desto mehr Missfallen erwachen. Ich biege nun aber um eine Ecke und sehe da einen andern Platz vor mir, in welchem aufgeräumt ist, und zwar so, dass das betreffende Material in der Gestalt gleich grosser pyramidalisch geformter Haufen aufgeschichtet ist und diese Haufen zugleich in regelmässig geordneten Reihen stehen. Wer empfindet da nicht gleich den Reiz der Form gegenüber der chaotischen Unform, die er zuvor schauen musste? wem „gefällt" diess nicht? Aber in vollem und ganzem Sinne „schön" wird er diese Erdaufschüttungen doch nicht nennen wollen, er wird höchstens vergleichungsweise sagen: „Da ist's schöner, als es auf dem noch unaufgeräumten Platze war; ganz schön sind diese Pyramiden nicht, sie stehen auf sandigem Boden, die stereometrische Figur der Pyramide hat etwas Starres, und die Gleichheit der Reihen hat etwas Einförmiges; damit etwas ganz Schönes entstünde, müsste das Ganze gartenartig behandelt, der Boden z. B. müsste zum Rasen, die Erdhügel zu Blumenhügeln umgeschaffen werden und dergleichen". Ähnlich, wie in diesem Falle, verhält es sich mit noch andern geometrischen Figuren: ein Kreis z. B. ist gefällig, er ist gegenüber einem ganz regellos ungleichseitigen und ungleichwinklichen Vieleck vergleichungsweise schön; aber er hat doch auch noch etwas Einförmiges an sich; ganz schön ist z. B. erst der Stern, weil er mit dem Runden das Gezackte oder Strahlenförmige verbindet, oder die Rosette und andere weniger einfache Figuren. Der streng geometrisch geformte Kegel hat schon einige Schönheit; ganz schön aber wird er nur, wenn er nicht durchaus und blos regelmässig, sondern sein Umriss unten etwas geschweift, nach oben etwas eingezogen und dadurch schlank ist. Eine Bildsäule mag noch so individuell wahr und ausdrucksvoll sein und damit noch weiteres Schöne verbinden; aber sie bedarf einer Aufstellung in einer Umgebung, welche eine ansprechende freie Raumausdehnung und eine gewisse Mannigfaltigkeit von Gegenständen, die sie umrahmen (Häuser, Bäume u. s. f.), zu der Isolirtheit der individuellen Gestalt hinzu thut. Ein Gemälde, das nur einen Baum, ein Haus, ein Tier, einen oder zwei Menschen zeigt in noch so sprechender Wiedergabe der eigentümlichen Form jedes dieser Wesen, ist noch nicht „schön"; dazu gehört grössere Mannigfaltigkeit, Abstufung in Vorder-, Mittel-, Hintergrund, Ausblick in's Weite und Ferne u. s. f. Ein Drama, in welchem die Einheit die Mannigfaltigkeit überwiegt, d. h. welches z. B. nicht eine gewisse Anzahl eigentümlicher Charaktere aufweist, ist noch nicht ein schönes Drama; Melodie bedarf Begleitung durch Nebenstimmen; reine Harmonie ohne Durchgänge durch einzelne Dissonanzen ist bei längerem Anhören allzu einförmig; eine streng einheitliche Fuge bewundern wir, aber wir sehnen uns auch wieder nach freieren, fliessenderen Tonbewegungen. Und umgekehrt: Mannigfaltigkeit und Vielheit gefallen uns wohl, aber „schön" sind sie nur, wenn sie zugleich auch Einheit an sich zeigen; zwanzig Hügel neben einander ist beim ersten Anblick schon hübsch, aber „schöne" Figuration der Landschaft entsteht erst dadurch, dass über diese vielen Zwerggebilde Ein Berg hervorragt als ihr sie um sich zu einem Ganzen versammelndes und beherrschendes Centrum. Unendlich scheinende Weite ist ganz schön nur, wenn wir innerhalb ihrer auch begrenzte Einzelgebilde (wie die Gestirne des Himmels) und auch innerhalb dieser wiederum einzelne Gruppen und einzelne besonders hervortretende grössere Sterne erblicken, welche Einheitspunkte in der sonst nach allen Seiten hin ohne Anhalt für's Auge sich zerstreuenden Masse bilden. Allgemeiner die Sache ausgedrückt: es gibt gefallenerregende Gestaltungen oder Formverhältnisse entgegengesetzter Art (Einheit und Vielheit u. s. w.); überall, wo solche da sind, entsteht ein vollständiges Wohlgefallen an ihnen nur dann, wenn an einem Gegenstande beide einander entgegenstehende Formverhältnisse zugleich erscheinen, und erst dieses vollständige Wohlgefallen am Vereinterscheinen beider entgegengesetzten Elemente treibt uns dazu, dem Gegenstande das Prädikat der „Schönheit" zu erteilen; „schön" ist, was Einheit und Mannigfaltigkeit u. s. w. in sich vereinigt; was nur das Eine oder das Andere hat, das ist noch nicht ganze Schönheit. Und dazu, dass ein „vollständiges" Wohlgefallen entstehe, dazu gehört zudem noch etwas Weiteres. Da es nicht nur Eines, sondern mehrere wohlgefallende Formverhältnisse gibt, so kann der Fall eintreten, dass die Form eines Gegenstandes nach einer oder mehrern Seiten gefällt, nach andern missfällt. Zum Beispiel: eine Physiognomie kann ausdruck- oder charaktervoll sein; aber sie kann zugleich etwas Eckiges und Hartes haben, so dass Anmut und Harmonie ihr allzusehr fehlen. Oder kann umgekehrt das Anmutige und Harmonische, z. B. ein Gesicht oder auch ein musikalisches Kunstwerk, nicht Charakter genug haben, so dass das Wohlgefallen kein vollständiges ist; ganz wohlgefällig oder „schön" ist nur Dasjenige, was mit keinem wesentlichen Formverhältnisse im Widerspruch ist oder es allzusehr vermissen lässt. Man spricht in solchen Fällen allerdings auch von (einseitiger oder partikulärer) „Schönheit"; solche erkennen wir z. B. der melodiösen italienischen Musik zu; aber es geschieht diess nur dann, wenn diese einseitige Schönheit ihrer Einseitigkeit ungeachtet grosse Reinheit und Vollendung zeigt, wie diess eben bei den besten Italienern der Fall ist.

Eine mir entgegentretende Formgestaltung kann mir gefallen (S. 84); ich kann aber auch noch aus einem andern Grunde als dem dort angeführten zweifelhaft darüber sein, ob ich sie „schön" nennen soll: ich weiss nämlich nicht, ob sie auch Andern gefalle, und ich fühle, dass ich ein Ding schlechtweg schön nennen kann nur unter der Voraussetzung, dass es Gegenstand des Wohlgefallens Aller oder doch der Mehrzahl Derer sei, welche dasselbe sehen. Bin ich mir meines Eindrucks und Urteils ganz sicher, dann sage ich allerdings, diese Blume sei „schön"; wenn ich aber diess sage, so spreche ich damit nicht blos ein individuelles Wohlgefallen an ihr aus, sondern ich will gesagt haben, sie werde und müsse auch Andern gefallen, oder: ich erkläre die Blume, welche ich „schön" nenne, eben mit diesem Wort für einen Gegenstand „notwendigen und allgemeinen Wohlgefallens" (wie Kant sagt), und ich werde daher, wenn doch Widerspruch gegen mein Urteil erfolgt, es zu verteidigen suchen. Obwohl die individuelle Empfindungs- oder Geschmacksverschiedenheit hauptsächlich in dem Gebiet des Angenehmen oder Unangenehmen ihren Ort hat und ihr Wesen treibt (S. 40 ff.), so macht sie sich, wie vorläufig schon S. 72 bemerkt wurde, auch im ästhetischen Gebiete geltend, und zwar in zweifacher Weise. Es kann Einer Etwas schön finden, weil es ihm angenehm ist, z. B. üppige Sinnlichkeit, blasirt hohle oder gar giftige Poesie, so dass hier das ästhetische Urteil gefälscht wird durch subjektives Lustgefühl; es kann aber auch Einer Etwas schön finden, das es für Andere nicht ist, weil seine Individualität, sein Alter, sein Geschlecht, sein Charakter, seine Bildung einen Einfluss auf sein ästhetisches Empfinden ausübt, welcher bei Andern nicht vorhanden ist, oder kann auch Ungewohntheit und Neuheit oder Schwierigkeit der Auffassung eines Kunstwerks auf das Urteil des Individuums einseitig wirken. Der Jugend gefällt das Grosse, das Überschwengliche, das lebhaft Bewegte, das Pathetische, das Alter ist universeller, ihm gefällt auch das Ruhige und Massvolle; das Weib zieht sanftere und harmonischere Schönheit vor, der Mann will auch Kräftiges und Schneidiges haben; das Volk hat einen derbern und für Buntheit und Mannigfaltigkeit empfänglichern Geschmack, als die „Gebildeten"; alle Nationen zeigen Geschmacksverschiedenheiten; verschiedene Zeiten gleichfalls; in einer oft ganz unerklärlichen Weise können dann wieder dem Einen Birnen, dem Andern Äpfel ästhetisch besser gefallen, oder höher hinauf dem Einen diese, dem andern jene Farbe, dem Einen der Rund-, dem Andern der Spitzbogen; Sebastian Bach und Beethoven waren lange für die Mehrzahl ungeniessbar, weil ihre Hauptwerke nicht so leicht aufzufassen waren, wie die eines Haydn und Mozart; selbst dieser war lange den die einfachere italienische Musik vorziehenden Wienern zu notenreich. Auch die Stimmung ist von Einfluss: man kann in einer Stimmung sein, in welcher man Shakspeare nicht lesen und sehen mag, sei's weil er einem zu herb oder weil er einem zu heiter ist, als dass er einem eben gerade jetzt „angenehm" wäre; man kann aber auch rein ästhetisch gegen ihn gestimmt sein, wenn man längere Zeit mit hellenischer oder ihr verwandter Poesie sich beschäftigt und so seinen Geschmack sozusagen nach dieser Seite der harmonischern Formschönheit hin „gestimmt" hat; man kann von Italien herkommend die nordische Gothik widrig herb, eckig, spitzig, skeletthaft finden, weil der Geschmack im Lande des Südens einseitig zum Wohlgefallen an weichern und vollern Formen hin sich gewöhnt oder verwöhnt hat. In Folge aller dieser Geschmacksverschiedenheiten ist es geradezu möglich, dass ein übereinstimmendes Geschmacksurteil mehrerer oder aller Menschen über irgend Etwas gar nicht zu Stande käme, sondern es bei dem Satze bliebe: „so viel Köpfe, so viel Urteile" (quot capita, tot sensus). Nur eine stets weiter schreitende und gleichmässig überallhin sich verbreitende ästhetische und sonstige Bildung könnte es dahin bringen, dass die individuellen Geschmacksverschiedenheiten aufhören würden, das Entscheidende zu sein. Ja ganz können sie nie verschwinden, solange es verschiedene Personen, Alter, Geschlechter, Nationen, Zeiten gibt, und sie haben sogar eine sehr bedeutende objektive Grundlage an den verschiedenen Schönheitsformen, die einmal da sind, und deren jede sogar verdient, da oder dort besondere Vorliebe zu finden. Nur Das kann erreicht werden und braucht erreicht zu werden, dass in Folge zunehmender Universalität der Bildung die eine Geschmacksrichtung die andere begreift und sie in ihrem Rechte anerkennt, wie z. B. jetzt die europäischen Nationen auf dem Wege hiezu sind. Je mehr die Einseitigkeit des individuellen Geschmacks sich verliert, desto mehr können ästhetische Urteile, welche Aussicht auf Allgemeingültigkeit haben, gefällt werden, und: je mehr der Einzelne seinen ästhetischen Gesichtskreis zur Universalität erhebt, desto zuversichtlicher kann er schlechtweg das Urteil aussprechen, dass Das „schön", Jenes „unschön" sei. „Schön" ist also nach dieser Seite Dasjenige, was Gegenstand des Wohlgefallens sämtlicher Menschen ist, deren ästhetischer Sinn vollständig entwickelt ist, oder: „schön" ist, was einem vollständig ausgebildeten Geschmack gefällt".

Der Geschmack selbst ist, wie aus dem so eben Besprochenen sich von selbst ergibt, entweder ein blos individueller oder ein allgemein gültiger Geschmack. Der erstere ist blos subjektiv zufällig, der andere ist ein objektiver oder richtiger Geschmack, weil er sämtlicher Schönheitsbedingungen sich bewusst ist. Der blos individuelle Geschmack ist entweder ein solcher, der sein Gefühl und Urteil hat und ausspricht, ohne damit etwas Entscheidendes aussagen zu wollen, er ist der naive und bescheidene individuelle Geschmack; oder aber behauptet er sich als den richtigen und wahren, und damit ist er ein einseitig subjektiver Geschmack, welcher bis zu bewusster Unduldsamkeit gegen andere Geschmacksrichtungen und von da aus auch zum Vandalismus gegen solche gehen kann, wie z. B. einst die Epoche des akademischen Zopfs gegen die Gothik in Wort und That wüthete, und Ähnliches auch auf dem Gebiet andrer Künste oft genug sich wiederholte.

Der individuelle Geschmack kann aber noch weiter abirren: er kann urteilsunfähiger, falscher, verkehrter Geschmack, d. h. er kann nicht im Stande sein, Schönes und Unschönes zu unterscheiden, und er kann geradezu das Unschöne schön finden. Ursache hievon ist einmal Unbildung, die z. B. nicht, wie der noch gesunde Volksgeschmack, am kräftig Derben und reichlich Bunten, sondern am Rohen und Plumpen, am buntscheckig Grellen und Schreienden, höher hinauf am Gesuchten, Geschraubten, Phrasenhaften u. s. f. ihre Freude hat; damit sind diejenigen Arten des Ungeschmacks gegeben, welche man Geschmacklosigkeit und Abgeschmacktheit nennt. Eine zweite Ursache ist Verbildung, d. h. die Richtung, welcher gewisse wesentliche Formverhältnisse, wie Einfachheit, Mass, Klarheit, Harmonie, Ruhe, zu „simpel" d. h. nicht pikant, nicht erregend genug sind, und welche daher diesen abhold und mehr und mehr unzugänglich wird, so dass Verderbtheit des Geschmacks entsteht. Als weitere Ursache von Geschmacksverirrungen kann hinzukommen die Einseitigkeit gewisser Epochen. Es ist möglich, dass längere Zeit hindurch eine gewisse Geschmacksrichtung, z. B. die „klassische" (d. h. die auf die vorhin genannten Formverhältnisse, Einfachheit u. s. w., gehende), vorherrscht; nun will aber das entgegengesetzte Element auch zur Geltung kommen: man lernt neben dem Klassischen das „Romantische" schätzen, das der Phantasie freiern Raum als jenes gewährt; man bewegt sich vielleicht eine Zeit lang in einer Beides gleich anerkennenden Universalität; man fällt aber endlich von ihr herab in den Geschmack am sinnlich Materiellen, weil das Klassische zu einfach und ruhig, das Romantische zu unreell, zu duftig, zu wenig handfest und greifbar erscheinen kann. So ergieng es z. B. im gegenwärtigen Jahrhundert. Dasselbe ist seinem ethischen Sinn und Streben nach nicht so materiell, wie die resolut üppige Epoche eines Rubens es war; es ist aber dessungeachtet in der bildenden Kunst bei dem Materialismus jener Zeit wieder angekommen jedenfalls zugleich in Folge ästhetischer Einseitigkeit, d. h. weil das sinnlich Reelle im Gegensatz zum Klassicismus und Romanticismus „sein Recht forderte" und dieses sein Recht nun einseitig in den Vordergrund drängte. Eben deswegen, weil diese jetzige sensualistische Geschmacks- und Kunstrichtung zunächst ästhetische Reaktion gegen frühere Einseitigkeiten ist, nicht aber in einer sensualistischen, dem sinnlich „Angenehmen" verfallenen Gesamtrichtung des Geistes und des Strebens der Zeit ihre Hauptwurzel hat, eben deswegen ist sie glücklicherweise auch nicht so mächtig, dass sie die allein herrschende geworden wäre und es vermocht hätte, diejenige Universalität des Geschmacks ganz zu vertilgen, welche nach dem Anfang und in der Mitte unsres Jahrhunderts eine Zeit lang blühte, in jener Epoche, wo man Klassisches und Romantisches, Antikes und Mittelalterliches und wie sonst die Gegensätze alle heissen in gleichem Masse zu schätzen und zu geniessen wusste.

Wenn Schönheit vollkommene Gestaltung ist, wenn es ferner wesentliche Eigenschaft des Menschen ist, Vollkommenes vom Unvollkommenen zu unterscheiden und jenem vor diesem den Vorzug zu geben (S 82 f.), wie ist es möglich, dass Verschiedenheiten, ja Einseitigkeiten und Verirrungen des Schönheitsurteils oder des Geschmacks entstehen? weiss nicht jeder einigermassen entwickelte Mensch Vollkommenes und Unvollkommenes zu erkennen? und wird nicht jeder dem erstern den Preis vor dem letztern zuteilen? Die Antwort auf diese Fragen ist folgende. Die Fähigkeit des Menschen zur Erkenntniss des Vollkommenen ist keineswegs von Natur und allerorten eine „vollkommene"; sie ist vielmehr überall eine nur erst werdende, und sie ist überall Einflüssen unterworfen, welche dem Urteil der Individuen über das, was Vollkommenheit sei, eine verschiedene und eine geradezu irrtümliche Richtung geben können. Wir müssen erst allmählich lernen, was in den verschiedenen Gebieten des Lebens vollkommen, z. B. was wahrhaft zweckmässig, was richtig, was erstrebenswert, was gediegen und tüchtig ist, und wir können oft genug von dem Schein einer blos erträumten Vollkommenheit, z. B. von dem Schein falscher Grösse eines Menschen, oder andrerseits von der falschen Meinung, dass Etwas unvollkommen sei, von übereilter Tadelsucht, von Vorurteilen, die mit persönlichen Interessen zusammenhängen, geblendet werden. Diess Alles und noch Mehreres gilt nun ganz besonders vom ästhetischen Gebiet. Im praktischen Leben müssen wir uns am Ende mit schlechthiniger Notwendigkeit immer auf die Seite des wirklich und wahrhaft Vollkommenen (des Zweckgemässen, Guten u. s. f.) schlagen, weil wir nur uns selber schaden, wenn wir das Gegenteil hievon thun; im ästhetischen aber ist es nicht so: das Geschmacksurteil ist frei. Ob ich irgend Etwas am Himmel oder auf der Erde schön finde, das ist „meine Sache"; ich kann einen Geschmack haben, wie ich ihn will; höchstens, wenn ich Arbeiter in ästhetischen Dingen bin, muss ich vielleicht auf den Geschmack Anderer, d. h. derer, für welche ich arbeite, Rücksicht nehmen. Sogar in der Region des Angenehmen bin ich nicht so frei, wie in der ästhetischen: ich kann in jener schon einigermassen mein Belieben walten lassen, ich kann diese Speise „mögen" oder nicht „mögen", ich muss aber doch auch an meine Gesundheit, an meine äussern Mittel, an das Sittengesetz, an die Forderungen des Anstands denken, wenn ich geniesse. Ob mir aber ein grosser Berg oder ein niedlicher Hügel, ob mir Blau oder Grau, ob mir Beethoven oder Dittersdorf, selbst ob mir grelle oder harmonisch gestimmte Farbe, ob mir wüster Lärm oder eine sanft erklingende Cantilene gefällt u. s. f., das ist ganz und gar indifferent; es nützt und schadet weder mir noch Andern. Oder, nun die Sache mit Rücksicht auf den Vollkommenheitsbegriff ausgedrückt: der einzelne Mensch kann gegen Vollkommenheiten, welche er anzuschauen bekommt, vermöge seiner Individualität, seiner Nationalität, seiner Bildung, seiner „Epoche", seiner Stimmung, auch vermöge hereinwirkenden Einflusses subjektiver Annehmlichkeit ganz und gar gleichgültig sein, er kann z. B. Grösse, Kraft, Harmonie, Sanftheit nicht „goutiren", sondern nur das Gegenteil hievon, und er kann Erscheinungen, welche in der That nicht vollkommen oder geradezu das Gegenteil aller Vollkommenheit sind, wie z. B. rohe Buntscheckigkeit oder lärmendes Geschrei und lärmenden Effekt, als Vollkommenheiten empfinden und beurteilen, weil sie für ihn den freilich falschen Schein der Vollkommenheit haben, indem er z. B. plumpe Buntheit für herrlichen Farbenreichthum, Lärm für grossartige, gigantische oder gar geniale Tongewalt ansieht. Auch das kommt noch hinzu: weil das Geschmacksurteil völlig frei ist, will man diese Freiheit, welche man in allen andern Lebensgebieten ganz und gar nicht so hat, auch haben und geniessen; man muss sich gar Vieles nehmen, aber seinen Geschmack will man sich nicht rauben lassen; man fühlt das als sein individuelles Recht. Und: weil der Geschmack etwas praktisch Indifferentes ist, gibt man sich auch nicht so wie in andern für's Leben wichtigern Dingen die Mühe, seinen Geschmack zu bilden; man lässt sich gehen; man sieht das und das im Theater sich an, Andres überlässt man Andern; man folgt seiner Laune und macht sich wenig Kopfzerbrechens darüber, ob man mit den ästhetischen Eindrücken, die man erhält, und mit den Urteilen, zu welchen man sie formulirt, auch sachlich Recht oder Unrecht habe. „Schön" ist nach dieser Seite eine Gestaltung oder Form der Dinge, welche wirklich und nicht blos scheinbar vollkommen ist. Eben darum, weil es sich so verhält, ist Schönheit trotz aller individuellen Geschmacksverschiedenheiten doch nicht etwas blos Subjektives, nicht etwas der subjektiven Meinung und Willkür Preisgegebenes; sondern sie ist etwas unerschütterlich Objektives und in sich Wahres. Was Vollkommenheit sei, und was nicht, das ist nicht Sache persönlichen Beliebens; es gibt vielmehr Merkmale der Vollkommenheit; an welchen Niemand etwas ändern kann; was vollkommen, was unvollkommen, was verkehrt ist, „das lässt sich ausmachen", und so auch, was schön und was nicht schön ist. Weil Schönheit Vollkommenheit ist, weil andrerseits das Individuum das Vollkommene verkennen kann, ist es

möglich, dass Etwas wirklich schön ist und doch Niemand da ist, dem es
gefällt; ja es ist dazu, dass Etwas schön sei, nicht nothwendig, dass es Jemanden
gefalle; „schön" ist, was werth ist zu gefallen durch seine Gestaltung, wenn es auch empirisch Niemanden gefällt, d. h. wenn es
auch in irgend welcher Zeit Niemanden findet, der ihm seinen Werth zuer-
kennt oder seine Schönheit einsieht. Allerdings aber macht sich, weil Schönheit Vollkommenheit ist, im Laufe der Geschichte in nicht ganz und gar un-
gesunden Kreisen und Zeiten das wahrhaft Schöne immer wieder geltend gegen
einzelne Geschmacksverirrungen, welche von der geschichtlichen Entwicklung
der Dinge unzertrennlich sein mögen. Wer freilich nicht erkennt, dass Schönheit vollkommene Gestaltung ist, der leugnet die objektive Wahrheit des
Schönen, weil er keinen an sich gültigen Massstab oder, wie die Schule sagt,
kein objektives Kriterium (Kennzeichen) dessen, was schön oder nicht schön
sei, besitzt.

Zu Kant's Zeit gieng die wolffisirende Lehre im Schwange: Schönheit
ist eine verworren vorgestellte Vollkommenheit. Z. B.: es tritt
Jemanden ein grosser robuster schlanker Mann vor Augen, Den wird vielleicht
Jener sofort einfach deswegen schön finden, weil das Zusammensein dieser
drei Vollkommenheiten in dem Manne, den er sieht, in ihm das dunkle, nicht
in deutliche Begriffe auflösbare Gefühl angeschauter Vollkommenheit erregt.
Der „Jemand" ist da nicht im Stande, den vollkommenen Gesamteindruck
sich logisch zu zergliedern oder ihn sich zu analysiren, er unterscheidet nicht,
dass es drei Vollkommenheiten sind, welche ihm hier zumal entgegentreten,
er denkt vielleicht auch daran nicht, dass diese Drei eben spezifische Vollkommenheiten des männlichen Geschlechtes sind; er empfängt aber eben, weil
er nicht logisch analysirt, um so mehr den unmittelbaren Totaleindruck, dass
hier Vollkommenheit zu sehen sei, und nennt sie gemäss dem Wohlgefallen,
welches mit diesem Eindruck sich einfindet, schön, d. h. eben „gefallend", ohne
Weiteres darüber denken und vorbringen zu können. Erwacht in ihm aber
die Analyse oder gibt er sich begriffliche Rechenschaft von den Ursachen des
Eindrucks, so gelangt er zu dem klaren oder distinkten logischen Urteil:
„dieser Mann da vereinigt in sich diese dem Mannesgeschlecht wesentlichen
Vollkommenheiten, und ist somit ein vollkommener Mann", oder der Gefühls-
eindruck „schön" löst sich (das ist die Meinung der wolffisirenden Theorie)
in ihm und für ihn auf in den Begriff „vollkommen", er empfindet nicht mehr

„verworren", sondern denkt hell und klar. Diese Theorie ist z. Th. sehr richtig: man kann angeschautes Vollkommenes schön finden, ohne sich logisch distinkte Rechenschaft über diese seine Empfindung geben zu können, man kann auch in d i e s e r Weise von einem vollkommenen Gegenstande den Eindruck, dass er schön sei, empfangen, w e n n m a n n ä m l i c h innerlich halboder unbewusst eine Ahnung von Vollkommenheit und damit eine Empfänglichkeit für ihre Anerkennung und Schätzung hat. So ist es z. B. bei kindlichen und überhaupt wenig reflektirenden, analysirenden, logisch distinguirenden Personen. Aber falsch ist die Meinung, dass der Schönheitseindruck mit seiner logischen Analyse aufhöre, weil durch diese die „Verworrenheit" der Vorstellung aufgehört hat. Im Gegenteil: je klarer ich jene drei (oder auch noch viele weitere) Vollkommenheiten an dem betreffenden Manne logisch unterscheide, und je klarer ich zudem weiss, dass es dem Manne als solchen wesentliche Vollkommenheiten sind, desto entschiedener finde ich ihn deswegen schön, weil ich sehe, dass er sie besitzt. Vollkommenheit wirklich an einem Individuum anschauen zu können freut mich immer, so oder so, oder sie gewährt mir stets die Lust des Wohlgefallens an diesem Individuum. Nicht das verworrene Anschauen allein bringt dieses Wohlgefallen hervor, sondern das Anschauen selbst, sei es nun verworren oder nichtverworren. Moderner ausgedrückt: ich trage, sofern und weil ich Mensch bin, die I d e e d e r V o l l k o m m e n h e i t (z. B. allerdings zugleich auf Grund meiner empirisch realen Kenntnis der Eigentumlichkeit der beiden Geschlechter die Idee der Vollkommenheit der Mannesgestalt) in mir, dunkler oder klarer, unbewusster oder bewusster, und diese Idee i n r e a l e r E r s c h e i n u n g anzuschauen erfreut mich u. s. w., weil mir Vollkommenheit das Oberste von Allem ist, was ich kenne und denke. — Kant bestreitet ganz und durchaus, dass Schönheit angeschaute Vollkommenheit sei. Er sagt (S. 72 f.): „das Geschmacksurteil ist ein ästhetisches Urteil, das ist ein solches, welches auf subjektiven Gründen beruht, und dessen Bestimmungsgrund kein Begriff sein kann; also wird durch Schönheit keineswegs eine Vollkommenheit des Gegenstandes gedacht". Ganz gewiss keine Vollkommenheit des „Gegenstandes", sondern eine Vollkommenheit seiner Form, seiner Gestalt, seiner Erscheinung; erkläre ich eine Mannesgestalt für schön, weil ich sie für eine vollkommene Mannesgestalt erklären muss, so ist dieses Formurteil gewiss auch ein „ästhetisches" Urteil. Das ästhetische Urteil kann blos „auf subjektiven Gründen", auf Geschmackslaunen u. s. f.

(S. 86 ff.) beruhen, aber es kann auch objektive Gründe haben und soll sie geradezu haben, da sonst aller Geschmackswillkür Thür und Thor geöffnet wäre. Kant stimmt sogar mit sich selber nicht überein, wenn er das ästhetische Urteil für ein blos subjektives Geschmacksurteil erklärt. Wenn nach ihm schön ist, was eine der Einbildungskraft und dem Verstand angemessene Mannigfaltigkeit und Ordnung hat, so hat auch bei ihm Schönheit an dieser Mannigfaltigkeit und Ordnung objektive Bedingungen; seine „subjektiven Gründe" sind in der That nicht subjektive, sondern intellektuale, d. h. in dem objektiven Wesen derjenigen beiden menschlichen Erkenntnisvermögen, denen „Schönes" gefällt, unerschütterlich gegebene Gründe, daher Kant selbst für die Kunst zwei Regeln ganz unbedingt fordert, nämlich: dass zwar die Einbildungskraft frei walte, aber diese Freiheit „dem Verstande angepasst werde, weil der Reichtum der erstern in ihrer gesetzlosen Freiheit nichts als Unsinn hervorbringt" (S. 182).

Dadurch, dass Schönheit Vollkommenheit ist, dadurch ist sie auch real, wie Lotze wollte (S. 1). Soviel Vollkommenheit im Universum ist und zugleich anschaulich erscheint, so viel ist auch Schönheit in ihm, nicht mehr und nicht weniger. Der Vollkommenheit kann zum anschaulichen Erscheinen Zweierlei fehlen: sie kann 1) selbst nicht zur Anschaulichkeit heraustreten, so namentlich geistige Vollkommenheit, Weisheit, Güte, Willensstärke, welche sich nicht manifestirt, weil sie im Innern des sie besitzenden Subjekts verborgen bleibt, statt auch zu äusserer und damit sichtbarer Bethätigung oder Darstellung zu gelangen, und es kann 2) an Anschauenden fehlen, so z. B. wenn das vollkommene Individuum in reiner Einsamkeit und Verborgenheit leben würde (vgl. S. 92). Allein: auch solche Vollkommenheit ist zwar nicht offenbare und daher nicht ganze, aber doch latente und jeden Augenblick zum Heraustreten und zum Angeschautwerden bereitstehende Schönheit.

Das Wort „Vollkommenheit" ist in der Ästhetik nicht neu, wohl aber der umfassende Begriff desselben, welcher hier (S. 78) aufgestellt wird; namentlich ist er noch nicht vorhanden bei den Wolffianern, welche unter demselben blos die Einheit in der Mannigfaltigkeit verstehen. Ich nehme den Vollkommenheitsbegriff in meine Ästhetik herein, um dem unabweisbaren Bedürfnis, dass der Schönheit Objektivität vindicirt werde, gerecht zu werden. Als ich dereinst die Ästhetik zu bearbeiten begann, handelte es sich vor Allem um etwas „Subjektives", d. h. darum, gegenüber der Konstruktion des

Schönen aus dem spekulativen Begriff der „Idee" heraus dasselbe „empirisch" anthropologisch zu fassen, und demgemäss begnügte ich mich damals mit der Zurückführung des ästhetischen Wohlgefallens an einem Gegenstande auf die zwei Ursachen, dass seine Form einerseits beruhigend-fasslich, andrerseits belebend-anziehend auf uns wirke. Diese zweiseitige Wirkung halte ich auch jetzt als etwas psychisch Thatsächliches fest; das Eine zur Vollkommenheit gehörige Element, Einfachheit, Einheit, Harmonie u. s. f. (S. 79), gibt der Form eines Gegenstands einen beruhigend, leichtfasslichen Eindruck, das andere, die Mannigfaltigkeit u. s. w. gibt das Belebendanziehende. Aber dieser Eindruck ist nur erst ein subjektiver Eindruck auf unsern Sinn und auf unser Gefühl, er besteht blos darin, dass man Etwas mit Lust leicht und in aller Ruhe auffasst, oder andrerseits darin, dass man von Etwas sich mit Lust stärker angeregt und beschäftigt findet (vgl. S. 40 ff. 54 f. 58); ästhetischer Eindruck und vollends ästhetisches Urteil ist er noch nicht, diess Beides entsteht erst damit, dass ich der Gestaltung eines Gegenstands Schönheitswert zuerkennen muss, weil er das eine oder das andere Element vollkommener Gestaltung oder noch besser beide in seiner Erscheinung real darstellt. Höchstens Vorstufe des ästhetischen Eindrucks und Urteils sind jene beiden subjektiven Eindrücke; sie können eintreten, weil allerdings Einheit u. s. w. subjektiv wohlthuend anspricht durch Fasslichkeit und Ruhe, Vielheit u. s. w. durch lebendige Anziehung, und ihr wirkliches Eintreten erleichtert das Eintreten des beifälligen ästhetischen Eindrucks und Urteils, weil sie das Gemüt in die Stimmung eines wenn auch nur erst subjektiven Lust- oder (S. 65) Gefallenfindens an dem Gegenstande, den man sieht, versetzen. Gerade aber, weil jene Eindrücke blos subjektiv sind, konnte in der Wissenschaft bei ihnen nicht stehen geblieben, sondern musste zu dem Begriff der Vollkommenheit weiter gegangen werden. Dieser hat zugleich auch den Vorzug, dass er die beiden Elemente in Eins verschmilzt unter Einer höhern Idee, statt sie blos neben einander zu stellen (was auch noch ein Mangel meiner früheren Darstellung war). Durch K a n t kam der Vollkommenheitsbegriff in Misskredit; bei Hegel fand er keinen Platz; S c h e l l i n g nahm ihn wieder auf in seiner Definition der Schönheit als mangellosen Seins; S t u a r t M i l l ist energisch für ihn eingetreten in seiner Rektoratsrede von 1867 (autorisirte Übersetzung von Gomperz Bd. I. S. 260 f.); auch jetzt verdient er wieder anerkannt und an den ihm gebührenden Platz in der Ästhetik gestellt zu werden.

An der Unterscheidung von Inhalt und Form, die schon in meiner Ästhetik gemacht wurde und gleichfalls einen Hauptgegensatz gegen die „Ästhetik der Idee" bildete, halte ich auch jetzt fest. Dr. Döring („Zur Geschichtschreibung der Ästhetik", Preuss. Jahrbb. 1887 S. 53) gibt dieser Unterscheidung Recht: er sagt, „richtig sei, dass bei mir am ästhetischen Objekt (oder Gegenstand) Inhalt und Form unterschieden werde, richtig sei meine Nachweisung, dass Schönheit nicht, wie eine seit zwei Jahrhunderten allmälig herrschend gewordene und bis zur Geltung eines selbstverständlichen Axioms verfestigte [auch' bei Vischer noch feststehende] Vorstellungsweise annehme, das ganze Wesen des ästhetischen Objekts ausmache, es liege hierin das nicht zu unterschätzende Verdienst eines Bruches mit der Befangenheit in einer geschichtlich gewordenen Gewohnheit". Döring fügt freilich bei, Form und Inhalt seien nicht „glatt und mechanisch zu sondern" [ich glaube, dass ich sie plan und methodisch unterschieden habe]; er glaubt ferner, dass ich „für das ästhetische Objekt das organische Abhängigkeitverhältnis zwischen Form und Inhalt nicht berücksichtige [als ob ich nicht die „Einheit von Inhalt und Form" in einem besondern Abschnitt meines Buchs, S. 312—326, ausführlich und nach allen Seiten hin untersucht hätte]; auch äussert er sich so, als ob ich die ästhetische Form „nur im Schönen" gesucht habe, während ich doch überall und mit Nachdruck die Anschaulichkeit, welche dem Gegenstande die gehörige „Ausgestaltung für die sinnliche Auffassung" (Döring S. 56) gibt, als wesentliche und allem Andern, auch der Schönheit, vorangehende Form eines Objektes bezeichne, welches ästhetisch sein soll (Ästhetik S. 67. 922). Wunderlich ist mir die Äusserung Döring's S. 53: „das Schöne ist etwas für sich und hat zunächst mit dem ästhetischen Objekt in Wirklichkeit und Kunst nichts zu thun, es tritt uns in seiner 'übergreifenden Selbstständigkeit vielgestaltig in der Wirklichkeit, wie als Erzeugnis absichtlicher menschlicher Thätigkeit, letzteres in der Lebensgestaltung, im Kunsthandwerk, in der Bau- und Gartenkunst, entgegen". Was soll denn das Schöne Anderes sein, als Eine Seite des ästhetischen Objekts, wie Döring vorher selbst gesagt hat? und was sind denn die sei's von Natur wirklichen sei's von Menschen erzeugten schönen Dinge Anderes als „ästhetische Objekte"? Was ferner den Inhalt betrifft, so wird getadelt, dass ich „nicht über unzulängliche Allgemeinheiten hinauskomme, die im Grunde darauf hinauslaufen, dass das ästhetische Objekt seinem Inhalte nach ein gewisses Interesse erwecken müsse"; auch Das gebe ich nicht zu: schon

im allgemeinen Teil meiner Ästhetik, wo man doch erst nur die wesentlichen
Grundzüge gibt, habe ich Begriff und Umfang dessen, was ästhetisches Interesse errege, bestimmt und ausführlich behandelt (S. 56—62), wozu dann
noch kam die spezielle Darstellung von Natur, Leben und Geschichte nach
ihrer ästhetischen Bedeutung (S. 352—889).

Noch ist es mir übrig, Einiges mit Herrn Eduard von Hartmann zu
verhandeln. Eine Befassung mit seiner Beurteilung meiner Ästhetik ist freilich
für mich persönlich schwierig, ja fast unmöglich; denn er referirt über sie
nicht überall richtig, er schiebt mir Sachen unter, die ich nicht gesagt habe,
und kritisirt mich darob. S. 317 seiner Geschichte der Ästhetik seit Kant
schreibt er mir die Kontradiktion zu, dass ich die geistige Schönheit sowohl
als etwas Anschauliches wie auch als etwas Nichtanschauliches bezeichne;
die Kontradiktion kommt nicht von mir, sondern von ihm: ich sage nirgends,
die geistige Schönheit sei nicht anschaulich, sondern vielmehr, sie sei nicht
„sinnlich anschaubar" (Ästhet. S. 94), und sie „stehe deswegen der körperlichen Schönheit an Bestimmtheit nach" (ebd.), und ich rede S. 67 ausdrück-
lich davon, dass es nicht blos eine sinnliche Anschaulichkeit gebe, sondern
auch eine Anschaulichkeit (wie z. B. einer anschaulich gegebenen Erzählung)
für das „innere Auge" (dasselbe auch S. 74 f.). Desgleichen nennt er S. 317
meine Theorie „ästhetischen Formalismus" und sagt, ich verwechsle allerorten
die Begriffe von Inhalt und Form [um dieser möglichst viel zuzuschieben],
z. B.: „Begriffe, deren ausschliesslich inhaltlichen Charakter kein Unbefangener
auch nur einen Augenblick in Zweifel ziehen wird, wie z. B. das „Wahre,
Rechte, Gute, Glückseligkeit, Seligkeit, gedeihliche menschliche Thätigkeit",
werden von mir als formale ästhetische Kategorien behandelt". Diese Aufstellungen enthalten dreierlei Unzulässigkeiten. Meine Lehre ist erstens nicht
ästhetischer Formalismus; ich rechne den Inhalt oder diess, dass ein Objekt,
z. B. ein Kunstwerk, inhaltvoll sei, mit grösster Entschiedenheit dazu, dass es
ein „ästhetisches" sei, obwohl ich behaupte, dass es nebenbei oder „anhängend"
auch blos formell schöne Gegenstände gebe, wie z. B. blosse Dekorationen
es sein können. Fürs Zweite ist nicht richtig, dass ich Glückseligkeit u. s. f.
als formale Kategorien behandle; ich bringe sie vor blos als Beispiele derjenigen Gattung der Harmonie, welche ich (Ästhetik S. 231) „Harmonie des
Daseins" nenne; jede Sache, welche eine gewisse Form hat, kann ich als Beispiel dieser Form anführen, namentlich um deutlich anzugeben, welche Form

13

ich meine, so z. B. die Sterne als Beispiel der gezackten Rundform; ja ich kann diese letztere geradezu Sternform nennen, weil die Sterne Jedermann bekannt sind und daher diese Bezeichnung Jedermann deutlich ist; damit aber gebe ich keineswegs, nach Hartmann'scher Supposition, die Sternenwelt für eine formale Kategorie aus. Dass Glückseligkeit u. s. f. ein harmonischer Daseinszustand sei, wird Hartmann selbst nicht leugnen. Zum dritten sagt er, ich behandle das Wahre, Rechte, Gute als formale Kategorien; hier liegt Entstellung vor: der Leser, der meine Ästhetik nicht kennt, bekommt notwendig den Eindruck, es sei bei mir die Rede vom „Wahren, Rechten und Guten" in dem gewöhnlichen Sinne, welchen solche im Neutrum ausgedrückte Kollektivbegriffe zu haben pflegen (d. h. in dem Sinne, dass damit der ganze inhaltliche oder materiale Komplex wahrer, rechter, guter Dinge, Erkenntnisse, Aussagen, Gesinnungen, Handlungen, welche es gibt, kurz zusammenfassend bezeichnet wird), und das Wahre u. s. f. eben in diesem Sinne fasse ich als etwas blos Formales auf. Hartmann weiss selbst, dass ich „Wahrheit" nicht in dem Sinne jenes Kollektivbegriffs, sondern in dem Sinne, dass es eine Eigenschaft oder Qualität (die „Wahrhaftigkeit") bedeutet (Ästhetik S. 217), zur „Harmonie des Wesens" (S. 208—231) d. h. zur harmonischen Beschaffenheit von Etwas, sei es Sache oder Person, rechne, ebenso weiterhin die Freiheit des Wollens und Thuns von allem Widerspruche mit sich selbst und mit irgendwelchem Gesetz und die damit gegebene Vollberechtigtheit desselben, ebenso endlich Güte des Herzens u. s. f. Alle diese Begriffe sind nicht „inhaltlich", wie Hartmann sagt, sondern sie sind Begriffe, welche Qualitäten bezeichnen. „Inhalt des Herzens" sind die in ihm wohnenden Gefühle, Neigungen und Leidenschaften und die in ihm aufsteigenden Gedanken, Vorsätze und Begehrungen; solche Gefühle u. s. f. können verschiedene Qualitäten, z. B. widerspruchvoll und widerspruchfrei, böse und gut u. s. w., haben, sie können sogar diese Qualitäten wechseln und bleiben doch der „Inhalt" des Herzens, oder: diese Qualitäten sind nicht das Empfinden und Wollen selber („das wovon das Herz voll ist" oder sein „Inhalt"), sondern sie sind eine Art und Weise des Empfindens und Wollens, welche, wie gleich nachgewiesen werden wird, wie ethischer so auch ästhetischer Beurteilung unterliegt. Wenn nun hier, in dieser Nichtunterscheidung von Inhalt und Qualität, bei Hartmann allerdings ein unwillkürlicher Irrtum vorliegt, so ist dagegen als eine schon bedenklichere Ungenauigkeit zu bezeichnen der Umstand, dass er seinen

Leser nicht davon unterrichtet, dass ich den Begriff der Form in einem weit umfassenderen Sinne als er selbst fasse, in dem Sinne nämlich, dass ich darunter alle und jede Gestaltung verstehe und daher schon in meiner Ästhetik dieses letztere Wort dem gewöhnlich in viel engerem (und namentlich meist nur äusserlichem) Sinne gebrauchten Worte „Form" vorziehe (Ästhetik S. 62 ff. 76 ff. 208 u. s. w. vgl. hier S. 77 f.). Das Wort „Gestaltung" schliesst in sich auch den Begriff der mit gewissen Qualitäten gegebenen Beschaffenheit eines Dinges, sofern nämlich eine solche Beschaffenheit zugleich irgendwie anschaulich heraustritt (Ästh. S. 77), und so ist harmonische Beschaffenheit zugleich harmonische Gestaltung. Güte des Herzens, Liebe u. s. w. nun lässt sich, wenn und sofern sie „anschaulich heraustritt" (z. B. in einer Iphigenie), auch ästhetisch betrachten (und um „ästhetische" Betrachtung der Eigenschaften der Dinge handelt es sich ja eben in der „Ästhetik"); ästhetisch betrachtet aber ist sie gewiss eine harmonische Gestaltung, nämlich Harmonie des ganzen Fühlens und Wollens mit Allem und dadurch auch mit sich selbst, weil solche Harmonie des Herzens mit der Welt zugleich von allem Widerstreit egoistischer Triebfedern mit wohlwollenden und ebenso von allem Widerwillen gegen das Thun der Pflicht rein ist (vgl. S. 76); Jeder empfindet an solcher Harmonie der Seele mit der Welt und mit dem eigenen Ich auch ästhetisches Wohlgefallen, Jeder empfindet sie ästhetisch als die höchste Wohlgestalt, welche das Seelenleben haben kann, nebendem dass und wie er sie ethisch am Menschen billigt und von ihm fordert. Hartmann erkennt vielleicht meinen weitern Formbegriff (welcher z. B. schon durch Aristoteles beglaubigt ist) nicht an; war diess aber bei ihm der Fall, so musste er erklären, dass mein Formbegriff nach seiner Ansicht unrichtig sei, statt dass er sagte, ich verwechsle „Form" mit „Inhalt"; hätte er Jenes erklärt, so wäre die Frage klar gelegt gewesen und hätte der Streit leicht ganz sachlich geführt werden können: der engere oder weitere Formbegriff, Das war das Punktum saliens, um das es sich handelte; Hartmann aber hat dieses nicht berücksichtigt oder auch gar nicht entdeckt und blieb daher über meine Auffassung im Dunkeln. Die Frage über engere oder weitere Form ist allerdings noch weiterer Diskussion werth; ich will eine solche selbst vornehmen und mit derselben meinem Gegner eine sehr scheinbare Waffe wider mich in die Hand geben. Wenn z. B., wie ich behaupte, Einheit, wenn ebenso Harmonie überall, wo sie erscheinen, Schönheit sind, so scheint das fatale Ergebnis unabwendbar, dass ganz verschiedene Arten von „Einheit", z. B. einheitlicher Charakter einer Landschaft, eines Kunstwerks, und Einheit der Menschen unter sich durch Gleichheit der Sitte und Gesinnung (vgl. ob. S. 18 f.), im ästhetischen Formensystem ganz nahe neben einander zu stehen kommen, während es sich doch bei Kunstwerken und dergleichen nur um ideell logische Einheit, bei Menschen aber um eine fürs Leben sehr wichtige reellpraktische Einheit der Individuen unter sich handelt; ebenso kommt Harmonie der Seele mit sich selbst und Harmonie der Menschen, ihrer Gefühle, Gesinnungen und Begehrungen unter einander im ästhetischen Formensystem z. B. neben die Harmonie der Töne zu stehen, weil beide „Harmonie" sind, während doch jene reellpraktisch ausserordentlich wichtig, diese aber bloss ein ideelles Verhältnis ohne Wert für's Leben ist. Also: der von mir behauptete weitere Begriff der Form oder Gestaltung brächte das Heterogenste unter Einen Hut, und das kann doch nicht richtig sein. Allein so ist es nur bei oberflächlicher Betrachtung der Sache. Einheit kann überall sein und Harmonie desgleichen; erstrecken sie sich auch auf reellpraktische Dinge, so beweist das eben ihre weitgreifende Bedeutung. Und was insbesondere die Harmonie betrifft, gibt es nicht Phänomene der Natur und der Kunst, in welchen die absolute Verwandtschaft jener beiden scheinbar absolut heterogenen Harmonien klar zu Tage tritt. Ist nicht die in harmonischer Formation (der Berge u. s. f.), in harmonischer Beleuchtung und Färbung, in harmonischer Ruhe und Stille vor uns liegende Natur das sprechendste Abbild aller harmonisch friedlichen, paradiesisch seligen Gestaltung des Menschenlebens? ist nicht harmonische Musik das sprechendste Abbild harmonischer Stimmung und Empfindung der Seele? kann diese letztere besser künstlerisch abgespiegelt werden, als es z. B. in der Musik von Mozart's Zauberflöte geschieht? und umgekehrt Zerrissenheit des Gemüts besser als durch die herb dissonanzenreichen Klänge, welche Beethoven in der neunten Symphonie ertönen lässt, bis er sie endlich im vierten Satze abbricht, um zu versöhnt freudevollen Weisen überzugehen? ist desgleichen nicht unisoner Männerchorgesang ein treffendes Bild der Einheit der Gesinnung, welche z. B. eine Schaar von Kriegern gleichmässig beseelt und sie unwiderstehlich zusammenhält? Wenn so die ·Eine Harmonie und Einheit reines Bild der andern ist, so können, ja müssen beide auch im System nah beisammen stehen. Die angeführten Beispiele mögen hier genügen, um zu beweisen, dass der „weitere" Formbegriff, den ich behaupte, zu keinen un-

haltbaren, sondern zu ästhetisch fruchtbaren und belehrenden Konsequenzen
führt. — Von seiner Ansicht, dass ich Form und Inhalt verwechsle, geht
Hartmann S. 317 zu dem Schlusswort seiner Kritik fort: „es erscheine in
dieser Hinsicht meine ästhetische Formenlehre von Anfang bis zu Ende wie
eine unwillkürliche", wenn immerhin „glänzend durchgeführte Selbstironisirung
des (von mir) prinzipiell vorangestellten ästhetischen Formalismus". E. v. Hartmann — einerseits berühmter Entdecker des „Unbewussten", andrerseits
Resident und glänzender Repräsentant der nachgerade etwas schlotterig gewordenen, von ihm jedoch mit Kunst und Kühnheit noch leidlich bei Leib
und Leben erhaltenen Königin der Wissenschaften, der spekulativen Philosophie,
in der Metropole der bewussten deutschen Intelligenz — er mag sich berufen und berechtigt glauben, überall draussen in der Welt „unwillkürlich"
unbewusste oder „naive" Selbsttäuschungen Solcher, welche anders als er
philosophieren, quasi von oben herab auszuwittern, wie er denn auch gegen
Andere, z. B. gegen Vischer, mit Un- und Missverstand, Prinziplosigkeit,
Verballhornisirung Hegel's u. s. f. um sich wirft. Wer aber wie er z. B. die
Begriffe des Inhalts und der Qualität verwechselt (ob. S. 98), der dürfte sich
davor in Acht nehmen, dass nicht auch ihm selber hin und wieder sein „Un-
bewusstes" Unwissenschaftlichkeiten von bedenklicher Art in die rastlos ar-
beitende Feder diktire. Allerdings muss ich nun aber beifügen, dass Hartmann des Sinnes für Anerkennung Anderer nicht baar ist. Er gesteht z. B.
mir als „unbestreitbares Verdienst in der Geschichte der Ästhetik" zu, dass
ich gegenüber den Idealisten „oder" Gehaltsästhetikern die Aufgabe der ener-
gischen Heraushebung der Form „zum ersten Mal nicht blos erkannt und aus-
gesprochen, sondern auch in umfassender Weise in Angriff genommen und
der Lösung näher geführt habe"; „den bleibenden Wert seines Werkes sehe
ich, sagt er weiter, in der Lehre von den ästhetischen Formen, sowohl in
deren allgemeiner Behandlung S. 62—312, wie auch in der Erörterung der in
der Natur empirisch gegebenen Formenwelt S. 358—838"; S. 306 sagt er sogar, meine Untersuchungen über Bedingtheit der Form durch den Inhalt leisten
die Demonstration derselben „in vielfach bewundernswürdiger Weise", freilich
„gegen meine Absicht und gegen meinen Willen", also unbewusst, weil nach
Hartmann's Meinung im Widerspruch mit meinen (bewussten) Aufstellungen
über Form und Inhalt. Da nach dem so eben Angeführten Hartmann auch
anzuerkennen weiss, so konnte ich mich auf eine Erörterung seiner Angriffe

gegen mich einlassen und sehe in ihm, obwohl er den Schein sophistischer Antilogik nicht stets sich ferne hält, einen Φιλόσοφος διαλεκτικός, welcher ernstlich die Wahrheit sucht und durch Kritik fördernd wirkt, wenn er auch die zwei Gewohnheiten hat, mit den Sachen oder statt der Sachen die Personen anzugreifen, und dem Gebote, dass man die Dinge nicht gar zu genau betrachten soll, mitunter über's Mass eifrig gerecht zu werden.

Da Hartmann die geschichtliche Stellung meiner Ästhetik falsch charakterisirt (S. 220. 305), so füge ich über sie kurz Folgendes bei. Meine Überzeugung von der Notwendigkeit einer konkretern Behandlung der Schönheitsformen begann, als ich im Jahr 1856 einen Teil der Ästhetik Vischer's bearbeitete, mit der mir bei Behandlung der musikalischen Intervalle und Akkorde, zuerst zu meiner eigenen Überraschung, sich aufdrängenden Erkenntnis, dass nicht, wie damals von den musikalischen Theoretikern gelehrt wurde, die möglichst einfachen Zahlverhältnisse (1 : 2, Oktav, 2 : 3, Quint) die besten Konsonanzen ergeben, sondern erst die weniger einfachen (4 : 5, Terz u. a.) ganze und wahrhaft schöne Harmonie erzeugen (Vischer's Ästhetik III S. 858. 862); von da aus kam ich allmählig zu der Einsicht, dass überhaupt im Schönen je zwei Elemente, das einfachere und das mannigfaltigere (ob. S. 84 f. und meine Ästhetik S. 69 ff.), einander gleichberechtigt gegenüberstehen, und ebenso gewann ich aus meiner Bearbeitung der Musik in Vischer's Werk den Einblick auch in die übrigen konkreten Formverhältnisse, um welche es sich in der Ästhetik handelt (Ästhetik S. VIII). Als ich dann sofort zu lehrender und schriftstellerischer Befassung mit der Ästhetik fortgieng, war mein Hauptgesichtspunkt der Gedanke, dass die dürftige Kategorientafel des Schönen, wie sie bei Kant und Vischer vorlag, zu möglichster Vollständigkeit erweitert werden müsse. Ich stellte daher die sämtlichen thatsächlichen Schönheitsformen zusammen und fand für sie eine logisch geordnete Gliederung, dabei einigermassen mitangeregt durch Rosenkranz's Ästhetik des Hässlichen, besonders aber gefördert durch eine philosophische „Liebhaberei" von mir selbst. Obwohl nach H. v. Hartmann, von welchem persönlich gekannt zu sein ich zwar nicht die Ehre habe, „spekulativ wenig veranlagt" (S. 312), hatte ich mich seit Jahren viel beschäftigt mit der spekulativen oder objektiven Logik und deren Kategoriensystemen, und zwar nicht blos bei Hegel, sondern namentlich bei Planck, dem tiefsten und schärfsten unter den modernen Denkern, welcher Hegel wesentlich verbessert und die Logik von falscher Metaphysik rein hingestellt hat (System des reinen Realismus 1850, S. 511 – 561, vgl. Desselben Testament eines Deutschen 1881, S. 309 – 322); so hatte ich Neigung und Vorübung zur Entwerfung einer ästhetischen Kategorienlehre gewonnen, bei welcher letztern ich mir freilich (z. B. in Voranstellung der Quantität vor der Qualität) des grossen Unterschieds zwischen Logik und Ästhetik sehr wohl bewusst war (Ästhetik S. 78 ff.). Anderes von Andern (Neuern) nahm ich post peracta mea nachträglich, wie's Pflicht ist, zur Vergleichung vor, fand aber bei ihnen für mich nichts als den berühmten „goldenen Schnitt" und die viel zu weit greifende Bedeutung, welche ihm dazumal beigelegt wurde (Ästhetik S. 135. 720). Mangelhaft war in meiner Ästhetik noch diess, dass die Schönheitsformen nicht gehörig ausholend psychologisch deduziert waren, und desgleichen, dass zu dieser Deduktion das „Angenehme" nicht in umfassender Weise herangezogen wurde, weswegen Döring (a. a. O.) sagen konnte, ich sei mit den Schönheitsformen zu „dogmatisch" (nicht analytisch genug) verfahren. Diesen Mangel fühlte ich schon langst, und ihn zu heben ist ein Zweck der hier vorliegenden Abhandlung gewesen.

Übersicht.

—